carpenoctem // *mini*

11

PROUST

UN CIERTO MISTERIO

Textos recobrados de 'Le Mensuel'

carpenoctem, 2024

Marcel Proust
Un cierto misterio.
Textos recobrados de *Le Mensuel*

Textos originales:
Le mensuel, 1890-1891

Primera edición: septiembre de 2024

De la traducción:
©Matías Battistón para Editorial Godot (Argentina)

Del prólogo a la edición española:
©Joaquín García Martín, 2024

Corrección: Encarnación Cano Pérez

De esta edición:
©Editorial Carpe Noctem, 2024
www.editorialcarpenoctem.es

Diseño de cubierta: Carlos Primo

ISBN-978-84-126154-9-4
Impreso en España
Depósito Legal: M-20432-2024

ÍNDICE

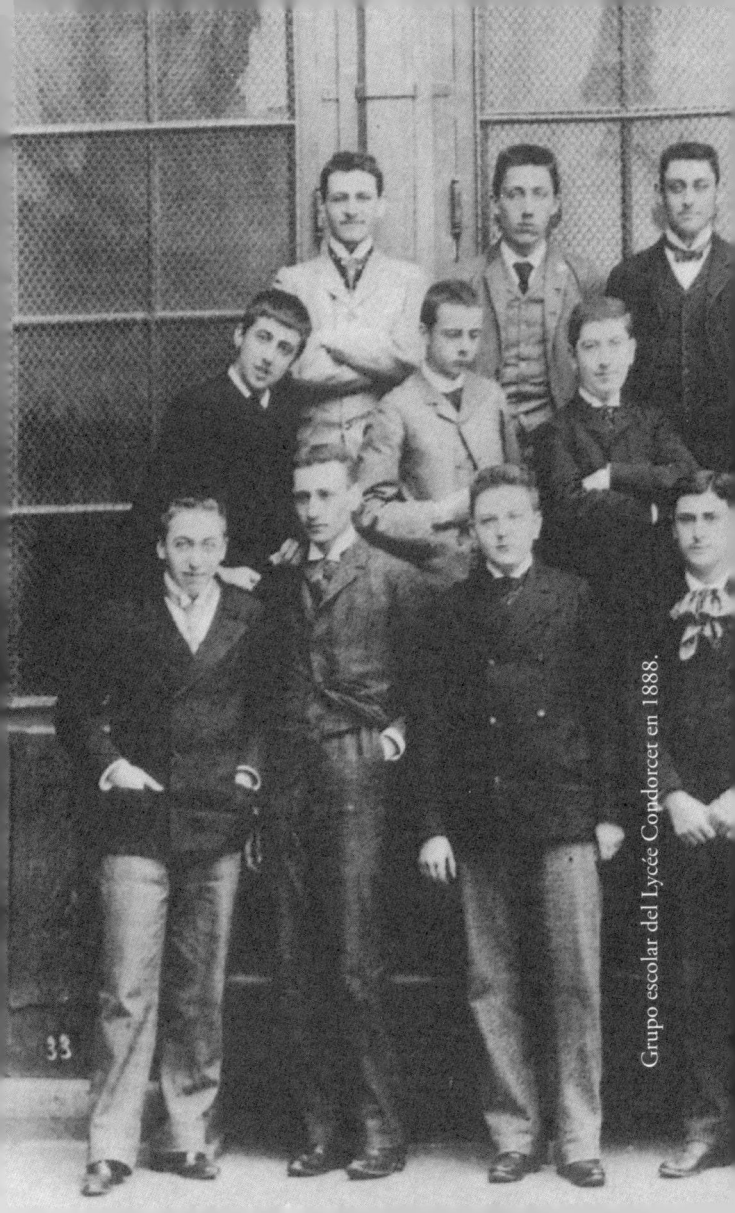

Grupo escolar del Lycée Condorcet en 1888.

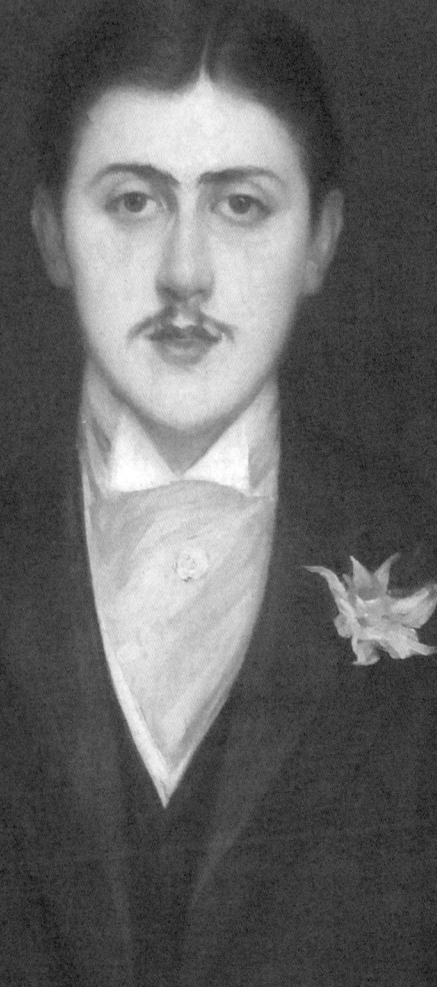

Jacques-Emile Blanche, *Portrait de Marcel Proust* (1892)

UN CIERTO MISTERIO

POR JOAQUÍN GARCÍA MARTÍN

Marcel Proust escribió estos artículos para *Le Mensuel* en la época en la que se acostaba temprano, ya de mañana.

Curiosamente, pertenecen a un momento de la vida del autor que no se corresponde con ningún fragmento de la Obra, algo inaudito para los exégetas proustianos que rastrean, individualizan y sancionan cada conexión entre la vida y la novela.

Estos artículos son un episodio oculto, desconocido durante mucho tiempo o, quizá, una prueba o un ensayo.

Existe un retrato de esa época, un dibujo a lápiz de su amigo Jacques-Emile Blanche, y fechado el 1 de octubre de 1891, unos meses después del final de la publicación de *Le Mensuel*. El escritor mira al espectador directamente, adelantando el cuerpo, con esos famosos ojos suyos, grandes e intensos, que destacan todas las descripciones de los que le conocieron. También el bigote, inmediatamente reconocible, y los labios, demasiado sensuales, que Colette dirá que parecía que te iban a besar. Pero el rostro es todavía demasiado redondeado para la imagen mítica a la que estamos acostumbrados, sin ángulos ni sombras, con algo de esa plenitud adolescente en la que todavía vemos al niño que ha sido, no hace tanto.

I

Le Mensuel fue una de tantas revistas parisinas de su época, que apenas publicó doce números, los que se corresponden a su único año de vida, el que va entre noviembre de 1890 y septiembre de 1891. Producida a gran velocidad, intentando capturar las novedades del momento, impresa a la carrera, casi al límite de su periodicidad, se distribuía por suscripción o bien se podía encontrar en unas pocas librerías selectas. Dedicada a los temas de actualidad, incluye noticias de política nacional e internacional, difusión de avances científicos, crítica teatral, literaria y artística, pero también notas de sociedad: matrimonios, nacimientos, óbitos y, especialmente, celebraciones, bailes y *soireés*. Recoge el Paris de su tiempo, el de finales del siglo XIX, casi al tiempo que sucede, en una lucha por reflejar lo que está pasando con mas ambición de la que pueden conseguir sus limitados medios de producción.

Le Mensuel es obra de Otto Bouwens Van de Boijin, su director y factótum. Este personaje parece que lo hace todo en la revista: escribe, edita, se encarga de la impresión, de la distribución. Curiosamente, para el mito de Proust es sólo destacable por su ausencia. Como señalan sus biógrafos, sobre todo Jean-Yves Tadié,[1] lo mas destacable de Bouwens parece ser el no haber servido de modelo para ningún personaje de la futura novela proustiana. Podríamos pensar que no fue importante en la vida del escritor si no fuera porque le dio, prácticamente, su primera oportunidad como escritor profesio-

1   Jean-Yves Tadié, *Marcel Proust. Biographie,* Tomo 1, París, Gallimard, 1996, pp. 208-225.

nal; podríamos achacarlo a uno de esos famosos enfados proustianos, pero Bouwens no ha dejado ni siquiera el rastro de un desencuentro; podríamos pensar que, como hará en otros momentos y con otros temas, Proust borra de su biografía los episodios que le incomodan para contarse como él quiere…

En cualquier caso, el año que dura *Le Mensuel* es un momento de transición en la vida de Marcel. Dos años antes había terminado sus estudios en el Lyceé Condorcet, el centro de enseñanza de la burguesía con pretensiones intelectuales de la Tercera Republica francesa. Allí conoció al grupo de alumnos que marcarían su desarrollo sentimental y que servirán de modelos para algunos de los principales personajes de *En busca del tiempo perdido*. Robert de Dreyfus, Daniel Halevy, Jacques Bizet, Robert de Billy y Horace Finaly fueron sus primeras fijaciones amorosas, siempre inalcanzables, y serán en diferentes aspectos los modelos para, fundamentalmente, el Saint-Loup literario. Con ellos había participado en otras revistas, producidas desde el Condorcet: *Le Lundi, La Revue Verte, La Revue Lilas…* pero parece como si este fuera el año de la separación, ese momento en el que los amigos de la infancia empiezan a tomar caminos distintos en la vida y se reencontrarán, o no, en la vida adulta. Todo muy proustiano. Algo mas tarde, volverán a coincidir en 1892 en otra publicación, mucho mas interesante para el desarrollo literario del autor, *Le Banquet,* cuando Marcel ya es Proust pero todavía no el Narrador.[2]

El propio Tadié llama en el índice de su biografía a estos años «Les grandes vacances (1889-1891)», como si hubieran sido un periodo de vacaciones, de no hacer nada, entre los momentos formativos de infancia y adolescencia y la plenitud de su vida en sociedad.

Sin embargo, lo cierto es que este fue un periodo muy especial en la vida de Proust, sobre todo en lo que se refiere a ciertas experiencias vitales que le llevarán a tomar ciertas decisiones que le conducirán a su vida futura. Siguiendo un razonamiento que podría suscribir el Narrador, en ocasiones son los momentos aparentemente sin importancia, los que nos pasan desapercibidos cuando los estamos viviendo, los que realmente nos marcan y nos ha-

---

2   Hasta el descubrimiento de estos artículos se consideraba que el primer texto «profesional» de Marcel Proust era *Un conte de Noel*, un relato aparecido en *Le Banquet* en marzo de 1892.

cen, puesto que son estos los nos llevaron inexorablemente a otros, esos ya cruciales y definitorios, y así sucesivamente, hasta convertirnos en lo que somos. Solo mas tarde nos damos cuenta, mirando hacia atrás, que el camino que tomamos se inició mucho antes de lo que creíamos, de una manera mas inocente e inconsciente.

Lo cierto es que entre 1890 y 1891 pasan muchas cosas en la vida de Proust. En 1889 cumple con el servicio militar, una de las experiencias mas absurdas y sin sentido de su biografía, enclaustrado en un entorno exclusivamente masculino, jerarquizado, que gira alrededor del ejercicio físico y el uniforme, ordenado por otros y no, para su sorpresa, por su propios deseos y necesidades. Es difícil imaginar algo mas alejado de la sensibilidad y el carácter de Marcel. También fallece su abuela, una experiencia triste que será la semilla de una intuición, de algo mucho mas complejo y rico, que culminará en la creación de la Abuela novelesca, la lectora de Madame Sevigné y del episodio de su muerte que cambiará el destino del Narrador.

Después del ejército, a su vuelta a la casa familiar, en la (ahora) mítica dirección del Boulevard Malesherbes 9, Marcel debe tomar las decisiones clásicas de cualquier joven de su edad: elegir una profesión y acceder a un lugar en el mundo. Siendo el hijo mayor de un médico famoso se podría pensar que habría de seguir los pasos del padre. Con lo mucho que le gustará automedicarse en el futuro, y lo aficionado que será a diagnosticar enfermedades a los demás, la medicina es, con seguridad, la profesión menos adaptada a la personalidad del joven, mucho más interesado en los males propios que en los ajenos e incapaz de admitir no ser el centro de la atención en todo momento. La otra peor opción será la que decida seguir: ser diplomático. En 1890 se matricula en la École Libre de Sciences Politiques. Apenas pisará las aulas.

Respecto a su lugar en el mundo, hay muchos elementos que hacen pensar que este año es el que pone a prueba sus primeras armas en sociedad, su primera reencarnación en la vida. Algunos de los episodios fundacionales del mito Proust ocurren en este momento, como su encuentro con Anatole France. La relación con el Gran Escritor Consagrado, su héroe literario desde la infancia, se convierte en un paso iniciático en su entrada y comprensión de la Vida.

Todos estos episodios de la vida de Proust (los amigos del Condorcet, la muerte de la abuela, el fracaso académico, el encuentro con el Escritor, los inicios de la vida en sociedad) pasarán a formar parte de la vida del Narrador.[3] De la experiencia en *Le Mensuel* y de la figura de Otto Bouwens, nada.

Los testimonios de adolescencia nos han descrito a un Marcel Proust engreído, caprichoso, amanerado, engatusador, mentiroso, quejica, egoísta, mimado, pedante, impostado, necesitado de afecto y atención constantes, capaz de cualquier estratagema para recibir el amor que vuelca en sus amigos. Sabemos que ya arrastra una fama de homosexual que él parece ser el único empeñado en desconocer o incluso negar.

Este es el joven de 20 años que colabora con *Le Mensuel* en ese año, entre 1890 y 1891.

2

A Marcel Proust se le atribuyen once textos aparecidos en la revista.[4] Hablamos de atribución porque

---

3   André Maurois, defensor de una biografía proustiana canónica y en total relación directa y lineal con *En busca…* estructura esta parte de la vida del autor en una serie de episodios cuyos títulos resultan absurdamente reveladores: El Liceo Condorcet, Del estudiante al dandy, El guerrero torpe y Entrada en sociedad. *À la recherche de Marcel Proust*, 1949.

4   Los textos fueron editados en 2012 por Jérôme Prieur (*Le*

el autor nunca los reconoció como suyos en vida y, como era habitual en la época y en este tipo de publicación, se suele firmar con seudónimo o usando solo iniciales. Proust lo hace sucesivamente como Fusain, Pierre de Toche, De Brabant, Étoile Filante o, finalmente, M.P.[5]. Sus contribuciones tratan sobre temas que seguirán presentes en su obra posterior y que, naturalmente, le interesan ya: arte, moda, sociedad y, de una manera muy especial, un par de textos literarios.

Estos artículos desaparecerán de su bibliografía oficial y no dejan huella en su gran obra literaria posterior. Oficialmente se vendrá considerando que el inicio de su carrera como escritor comienza en *Le Banquet* en 1892. Varias de las piezas que publique ahí formarán parte de su primer libro, *Le plaisirs et*

Mensuel retrouvé. Précédé de Marcel avant Proust, París, Busclat, 2012), que escribió un extenso estudio introductorio de obligada consulta para quien desee profundizar en la génesis de dichos artículos. Hay edición en español: *Marcel antes de Proust,* Buenos Aires, Ediciones Godot, 2016.

5   Podemos encontrar juegos de palabras entre el seudónimo con el que firma y el contenido del artículo (usar Estrella Fugaz para el artículo de moda) o buscar en De Brabant a un antecesor de los míticos antepasados de la duquesa de Guermantes. También es significativo que utilice sus iniciales para los de contenido mas personal, como el que dedica a su amigo Horace Finaly.

les jours, en 1896. Pero no quedarán rastros de lo anterior, nada de *Le Mensuel,* ni siquiera su director, Otto Bouwens, como tanto llama la atención a Tadié. Así, uno podría pensar que no le interesaban o que se avergonzaba de ellos o que, según las teorías mas habituales de vivencia y reutilización de la experiencia vital en Proust, este año resultó ser completamente inútil o estéril o vergonzante por algún motivo.

Si algo caracteriza a la gran novela de Proust es la idea fundacional del tiempo como factor validador de los hechos pasados y la utilización de cualquier experiencia personal reveladora, no importa cuán vergonzante, atribuyéndola a un personaje o a otro. Así, no duda en usar la anécdota juvenil de la ridícula persecución a la que sometió a Madame Bizet para ilustrar los primeros y equivocados pasos del Narrador en el amor y en la sociedad. Sin embargo, nada de la experiencia en *Le Mensuel* parece tener interés como para incorporarse a la ficción y estos textos, como el medio en el que aparecieron, desaparecen del la memoria y de las hemerotecas.

No será hasta la publicación en 1991 de *Écrits de*

jeunesse (1887-1895)[6] cuando Marcel Troulay dé a conocer estos textos que cambiarán lo que se venía considerando el canon proustiano que, desde los años cincuenta del siglo pasado, comenzaba con *Jean Santeuil.* Su descubridor y guardián del fuego sacro-canónico-marcélico, Bernard de Fallois, había extendido hasta ese momento la teoría de que Marcel Proust es el autor de una sola obra y que cualquier otro texto, anterior o contemporáneo a la *Recherche*, está contenido en esta, ya sea a modo de reutilización, incorporación, o bien porque ha sido un ensayo del mismo. Cualquier futura novedad serviría, por lo tanto, para iluminar o contribuir a entender el proceso creativo de ese único libro y/o del proceso creativo del autor. La psicología y la poesía proustianas dicen que «solo conocemos a un ser cuando podemos comparar una impresión anterior con una impresión nueva, que todo conocimiento tiene lugar en dos tiempos».[7] Los artículos de *Le Mensuel* nos vienen a dar, por lo tanto, una nueva primera impresión, anterior a todas las que

---

6 Anne Borrel (ed.), *Écrits de jeunesse, 1887-1895,* Societé d'amis de Proust, 1991.

7 Bernard de Fallois, «Prefacio» de *Contre Saint-Beuve: suivi de Nouveaux mélanges,* París, Gallimard, 1954.

teníamos hasta ahora. La famosa frase de Fallois, «L'histoire d'un roman est un roman», encuentra aquí un nuevo capítulo, precedente a todos los anteriores.[8]

3

En los artículos que Marcel Proust publica en *Le Mensuel* hay una evolución evidente entre sus primeras colaboraciones, de apenas unas líneas, y las ultimas, que son ya de una cierta extensión y mayor ambición. El contenido es mucho mas personal pero, sobre todo, comparten algunas de las preocupaciones vertebrales del mundo de *En busca del tiempo perdido*. Podemos deducir que el escritor ha ido ganando la confianza de su editor, que le da más espacio, y en sí mismo.

Aunque no supiéramos de ellos con anterioridad, leyéndolos ahora, podemos ver al diletante que nos han contado las biografías y la Leyenda Fundamental, con los tópicos y los lugares comu-

---

8 Fallois muere en 2018, con tiempo de conocer el descubrimiento de los artículos de *Le Mensuel*. Curiosamente, en sus archivos aparecerá un nuevo capítulo (una vez mas) que se creía perdido: 75 folios de otro ensayo de la *Recherche* anterior hasta los ahora conocidos y que serán publicados internacionalmente en los años sucesivos.

nes proustianos, empezando por la moda y la crónica de sociedad. Estos temas, que eran básicos y obligados en cualquier revista de la época, servirán, en el caso de la novela de Proust, como base para la crítica homófoba a su figura y de su obra.

Las crónicas de sociedad fueron parte importante de las publicaciones periódicas desde finales del XIX. El interés por saber qué hacen los ricos y famosos es paralelo al desarrollo de la prensa ilustrada. [9]Los que pueden leer y pagar el precio de una de estas revistas quieren enterarse de lo que hacen los que de verdad importan. Si formas parte de un cogollito en concreto, deseas verte nombrado o saber quién de tus conocidos lo es y quién no. Y con la presencia viene la apariencia, porque los que son, lo parecen a primera vista, y querer ser empieza por aparentarlo. El grabado y la publicidad llegan a las revistas al mismo tiempo que esta sección, y con ellas el acceso a esas aspiraciones que se pueden escenificar de manera directa a través del consumo y el vestido. La moda, tal y como la conocemos hoy, empieza a finales del siglo XIX y, con ella, su estudio social.

---

9   Y no sólo recogen las andanzas de ricos y poderosos. La *belle époque* es precisamente el momento en el que las *cocottes* y *demi mondaines* se convierten en personajes aspiracionales.

Cuando un escritor detalla los uniformes en el campo de batalla se dice que ha llevado a cabo una investigación histórica y cuando describe la pobreza de los harapos de un personaje es un cronista social. Pero el que analiza la *toilette* de una duquesa asistiendo a una velada es, necesariamente, superficial y banal. La homofobia implícita en este razonamiento acompaña a Proust desde bien antes del inicio de su obra literaria y, sin embargo, la conexión que para él existe entre sociedad y vestimenta estaba ya clara desde los textos de *Le Mensuel*.

Proust ha entendido inmediatamente lo que es la moda: «una tiranía», dice, basada en principios y reglas que no son comprensibles para todos, que depende del tiempo, que se pone en evidencia en detalles que solo los verdaderos conocedores pueden reconocer, y que cuesta mucho dinero. Estos tres principios siguen siendo válidos cien años después.

Los colores que se llevan cambian de un año para otro, al igual que las telas, el entallado o el largo de las prendas. Hay que conocer las modas de cada temporada y para esto es fundamental saber de quién fiarse. Lo resume perfectamente en dos frases en las que explica cuándo usar la peineta de carey y quién lo hace.

El cronista de moda, como él mismo, «... debe adelantarse un poco a la misma época» aunque, en su caso, eche de menos tendencias del pasado (los vestidos de tul para las jovencitas) y deplore algunas novedades (las modas que llegan de América).

Como escritor, sabe usar la vestimenta para hacer literatura: ironía y parodia («mujeres que no tienen intenciones de quitarle un peso de encima a la municipalidad barriendo ellas mismas con su prenda las calles»), caracterizar a un personaje («el sombrero se iza sobre los rizos como un acento circunflejo») o crear imágenes (el vestido adornado de pasamanerías que nos «recuerda esos insectos fabulosos de colores suaves, los cuales, al desplegar las alas, nos deslumbran al instante con sus reflejos» o cuando recuerda cómo los vestidos de tul protegían a las debutantes creando «una barrera contra el contacto excesivo de las personas a su alrededor; la gente se le acercaba con menos confianza, menos audacia, por miedo a arrugar ese delicado envoltorio»). Parecen frases extraídas de la futura novela.

Sin embargo, en *Le Mensuel*, Proust apenas hace crónica social como tal. En el sentido estricto del término, solo escribe unas líneas para hablar de una cena ofrecida por Madame Carnot, de una recepción del Presidente de la República o de la visita a Paris de rey de Milán. Pero sí que utiliza el medio como parte de su estrategia de acercamiento y seducción a ciertos personajes que le interesan para su ascensión social. Como hará mas tarde, hasta la extenuación, halaga y adula a aquellos a los que quiere aproximarse, buscando esa intimidad afectiva que perseguirá siempre en sus relaciones personales, dándoles coba de manera casi vergonzante, destacando hiperbólicamente cualquier cualidad que pueda defender.[10]

Un buen ejemplo de esto es la reseña al libro de poemas *Confiteur* de Gabriel Trarieux, un antiguo compañero del Condorcet. Proust despliega toda su capacidad zalamera al tiempo que deja entrever una critica sin piedad. Leyéndolo da la impresión de que se ha visto obligado a escribir sobre un libro

---

10   En sus ensayos posteriores, en sus cartas o en ciertos pasajes de la novela, Proust es un verdadero especialista en encontrar cualquier detalle que pueda individualizar y analizar de manera exagerada para adular a quien le interesa, incluso en escritores o artistas decididamente menores cuya mediocridad reconocía en privado o en otros contextos. Esta operación de acoso y derribo de personalidades es la que realiza con Anatole France, Robert de Montesquieu o Anne de Noailles.

que le merece muy poca consideración. Para salir del paso se concentra en formulas de compromiso, de las que escapa un desprecio vitriólico por libro y poeta. Literalmente dice que lo mejor del libro son algunos versos sueltos. Los poemas completos, no tanto...

Un ejercicio parecido es el que realiza al dedicarle a Horace Finaly, uno de sus condiscípulos del Condorcet, un complicado análisis de la fama y la proyección publica de una cantante de éxito del momento, Yvette Guilbert. Combinando alusiones a la crítica literaria, Proust desmonta la impostura que se ha creado a su alrededor, que encuentra producto de un cierto snobismo clasista. Parecen dos antecedentes de futuros episodios de la novela: el rechazo a la critica literaria oficial, uno de los orígenes del libro (el caso Sainte-Beuve) y la actuación de Rachel en casa de la princesa de Guermantes (la antigua Madame Verdurin), reconvertida a los movimientos de vanguardia.

Hay otro artículo de crítica teatral en el que recorre los principales escenarios de *café concert* del París de la época. Ahora podemos saber, con sus nombres, los locales en donde pasaba las noches el autor antes de volver a casa a dormir, ya de mañana.

Finalmente, Proust realiza también dos contribuciones sobre arte para *Le Mensuel:* una visita a la galería de Georges Petit y otra al Salón del 1891. Sólo con ver esta selección de eventos sabemos en qué momento histórico está el crítico, entre las estructuras de poder decimonónicas que dan sus últimos coletazos y las nuevas formas de distribución del arte del mundo contemporáneo. Está todo contenido en el título de la segunda pieza: «Impresiones de salones».

Petit fue uno de los pioneros del galerismo moderno y, junto con Durand-Ruel, el otro gran marchante del Impresionismo. Como estrategia comercial, organizaba muestras colectivas que, para el publico general, hicieran pensar en la aparición de un nuevo grupo o movimiento pictórico. Una de estas exposiciones es la que recorre Proust a finales de 1890, preguntándose por el equilibrio que debe mantener un artista entre el respeto a la tradición y las veleidades de la Modernidad. Desde luego, no es el escritor que personificará los grandes cambios del siglo XX sino, todavía, el jovenzuelo de gustos imprecisos de finales del XIX.

La mayoría de los nombres que menciona no forman parte del canon actual. De hecho, casi ninguno nos suena conocido y, desde luego, no son aquellos con los que le relacionaríamos ahora. Mas Meissonier que Monet. El muy proustiano James Whistler no parece llamar excesivamente la atención del crítico, aunque le mencione con apreciación, y Blanche, que realizará casi contemporáneamente a estos textos su famoso retrato del autor, es mencionado de una manera francamente ambivalente.[11]

Porque al Proust que visita un poco después el Salón de 1891, el pintor que mas le interesa es Puvis de Chavannes quien, en su opinión, posee la mezcla perfecta de las virtudes de los antiguos y los modernos que tanto echa en falta en los otros. Hoy nos parece exactamente lo contrario, que su pintura consigue tranquilizar las novedades de la Modernidad con los lugares comunes del Academicismo, pero en ese momento en concreto, en la ultima década del XIX, De Chavannes parecía ser el único que había conseguido conciliar el saber hacer

11   Hay muy pocos grados de separación entre Whistler y *En busca del tiempo perdido:* además de ser uno de los modelos fundamentales del pintor Elstir, cuyos cuadros, descritos en la novela, parecen corresponderse directamente con obras del americano, está, sobre todo, el retrato que realiza de Robert de Montesquiou, el modelo de Charlus que nunca lo será tanto como en ese cuadro.

con «una visión original y personal de las cosas». Marcel todavía no ha tenido la gran revelación.

4

Y finalmente, las contribuciones de carácter literario. El que será gran novelista publica en la revista un poema pero, sobre todo, las dos piezas mas importantes que aparecerán en *Le Mensuel,* dos títulos llenos de implicaciones a lo que sucederá en el Tiempo Futuro: «Casas normandas» y «Recuerdo».

En el universo de *En busca del tiempo perdido,* la inspiración de Balbec, el país mítico de las muchachas en flor, de las estancias con la abuela, de las vacaciones con Albertine, se encuentra en varias ciudades costeras de la Normandia. Sobre ese territorio escribe Proust este par de paginas, en septiembre de 1891, en el momento del año en el que, como dice en el texto, «se considera elegante abandonar las playas». Desde el uso de la primera persona, el tono íntimo, personal («Envidio a quien pueda pasar el otoño en Normandía»), el acto evocador que significa todo el artículo, este texto, el primero que firma con su nombre completo, realiza el muy proustiano ejercicio de convertirse en precedente de algo que todavía no podemos saber que ocurrirá años mas tarde.

Un recurso fundamental en la futura Novela (por ejemplo, cómo la fascinación infantil en Combray por todo lo relacionado con los Guermantes anticipa la futura relación del Narrador con la duquesa del mismo nombre) le sucedió aquí al lector contemporáneo a su publicación que, sin saberlo, recorría lo que probablemente es la primera mención a uno de los territorios míticos mas importantes de la literatura del siglo xx. Volviendo sobre estas paginas, al leer sobre las costumbres de la temporada vacacional, sobre la arquitectura de las casas de campo o sobre la organización del tiempo diario, sin saberlo, asistimos al primer ensayo o premonición o atisbo del Balbec futuro.

Encontramos también aquí por primera vez la descripción/inclusión de uno de esos efectos visuales tan proustianos cuando, por las noches, mar y cielo se confunden y, durante un segundo, un barco parece «navegar en pleno firmamento». Es la magia (y todo lo demás) del campanario de Combray. Dos detalles técnicos: la frase se ha hecho mas larga, de cuatro, cinco líneas, con una progresión explicativa que, en breve, también se hará familiar, y un inicio del texto con un tiempo que resuena conocido: «Después de varios días se puede contemplar…».

Lo ultimo que publica en *Le Mensuel* será «Recuerdo», que desde el título nos lleva a la futura novela, a su tema principal y a la acción que significa su punto de partida y que lo vertebra. Porque el acto de recordar el tiempo pasado es lo que da razón de ser al futuro libro de Marcel Proust. Si «Casas normandas» en un texto de carácter literario que utiliza mecanismos narrativos para evocar un asunto y un territorio, «Recuerdo» es ya una ficción, un relato corto.

El protagonista narra su visita, una noche, a una casa junto al mar, un lugar que frecuentó en otro tiempo y al que regresa ahora. Conoce bien esos espacios, que asocia con memorias felices. Allí se encuentra a un hombre, al que recuerda pero que no le reconoce. Una niña le conduce hasta una mujer, a la que amó en otro tiempo, muy cambiada por una larga enfermedad. Ella le habla de la antigua historia de amor que vivieron juntos, se disculpa por su comportamiento de entonces y le cuenta los cambios ocurridos en su vida desde entonces. Menciona a su hermano, que sufrió un desengaño sentimental que le ha dejado marcado. Durante la conversación, animado por los recuerdos, el narrador vuelve a ver a la mujer como era entonces y su amor por ella revive por unos instantes. De repente, la enferma se ve obligada a retirarse y el momento de ilusión se rompe. El narrador vuelve mentalmente al tiempo actual y recorre, por ultima vez, los jardines de la casa en la que fue feliz. Desde la playa contempla la puesta de sol, reconciliado con su pasado.

La narración está llena de los lugares comunes de un escritor primerizo de finales del siglo XIX, algo bisoño: el simbolismo básico de la luna sobre el jardín y la puesta de sol en la playa, del novelón decimonónico de la belleza marchita por la enfermedad y las antiguas historias de amor que marcan una vida, del final melodramático con lagrimas frente al ocaso. Pero tiene algunas cualidades interesantes: el tono misterioso del inicio, la sabiduría del no explicar demasiado, de dejar que la ambigüedad haga su trabajo rellenando los huecos en la mente del lector pero, sobre todo, la aparición de unos elementos que, desde el hoy, nos resultan conocidos: un narrador en primera persona, sin nombre, el retorno a los lugares del pasado, la asociación memoria-objeto, los elementos físicos que activan el recuerdo, los cambios producidos por el paso del tiempo, lo que recordamos y lo que olvidamos, un amor de juventud, las relaciones familiares inesperadas, los efectos ilusorios de la memoria, la revelación de la reconciliación con el pasado... Y, por encima de todo, Odette, un nombre propio que tiene en sí todas la cualidades evocadoras proustianas. Proust y los nombres. Como Guermantes. Veinte años antes de comenzar su novela, el Antiguo Amor ya se llama Odette. Es como si, mucho antes de sentarse a escribir, Proust hubiera anotado en un par de paginas el esqueleto de *En busca del tiempo perdido*.

En Proust el nombre es la unidad mínima básica de todas las cosas. Es el punto de partida de la reminiscencia y la base de su sistema de construcción de la memoria. Dice Barthes que «el Nombre proustiano es él solo y en todos los casos el equivalente de una entrada de diccionario».[12] En la exégesis proustiana ocurre lo mismo con los episodios de la vida del autor que se pueden relacionar con elementos de su novela. Con este relato la voz Odette ha ganado un significado más.

Quizá el aspecto mas destacable de las coincidencias que existen entre ambos textos sea el hecho de que se establezcan con el episodio final de

12 Roland Barthes, «Proust y los nombres», en *El grado cero de la escritura seguido de Nuevos ensayos críticos,* México, Siglo XXI, 1973.

la novela, con *El tiempo recobrado*, en el que se encuentra la culminación de la teoría proustiana del conocimiento. Es, prácticamente, una premonición de los fundamentos sobre los que construirá su obra. En ambas historias, por ejemplo, se plantea el problema de conocer a alguien que ha cambiado y que ya no es la persona que una vez fue (para nosotros). En la novela, el Narrador no reconoce a los avejentados asistentes a la recepción de la princesa de Guermantes al igual que Monsieur N no se da cuenta de quién es el visitante nocturno del relato.

Pero sin duda el detalle más importante se encuentra en el ultimo párrafo, una imagen que casi pasa desapercibida pero que permanece en la mente del lector como una luz, un chispazo o una vela, todavía débil, que empieza a iluminar la habitación haciendo identificables los muebles que la decoran. Me refiero al crujido de la grava en la playa al caminar sobre ella. Un efecto sonoro que es aquí como será el perder el equilibrio sobre una baldosa inestable del hotel Guermantes. Uno de esos hechos que producen un estallido de la memoria involuntaria que transporta, directamente, sin intermediarios, a los protagonistas de ambos textos, al Tiempo Pasado.

Proust acaba de atisbar la clave fundamental sobre la que construirá, en el futuro, su novela. Pero todavía no sabe que la memoria voluntaria no es fiable puesto que se aleja de lo real y depende de la imaginación.[13] Esa es la que han usado otros escritores antes que él. La clave está en la segunda, en la involuntaria, en ese latigazo de recuerdos que nos golpea al probar una magdalena que maquinalmente hemos mojado en el té, la que nos permite acceder directamente al pasado.

Luriezo, agosto, 2024

---

13   Samuel Beckett, *Proust*, 1931.

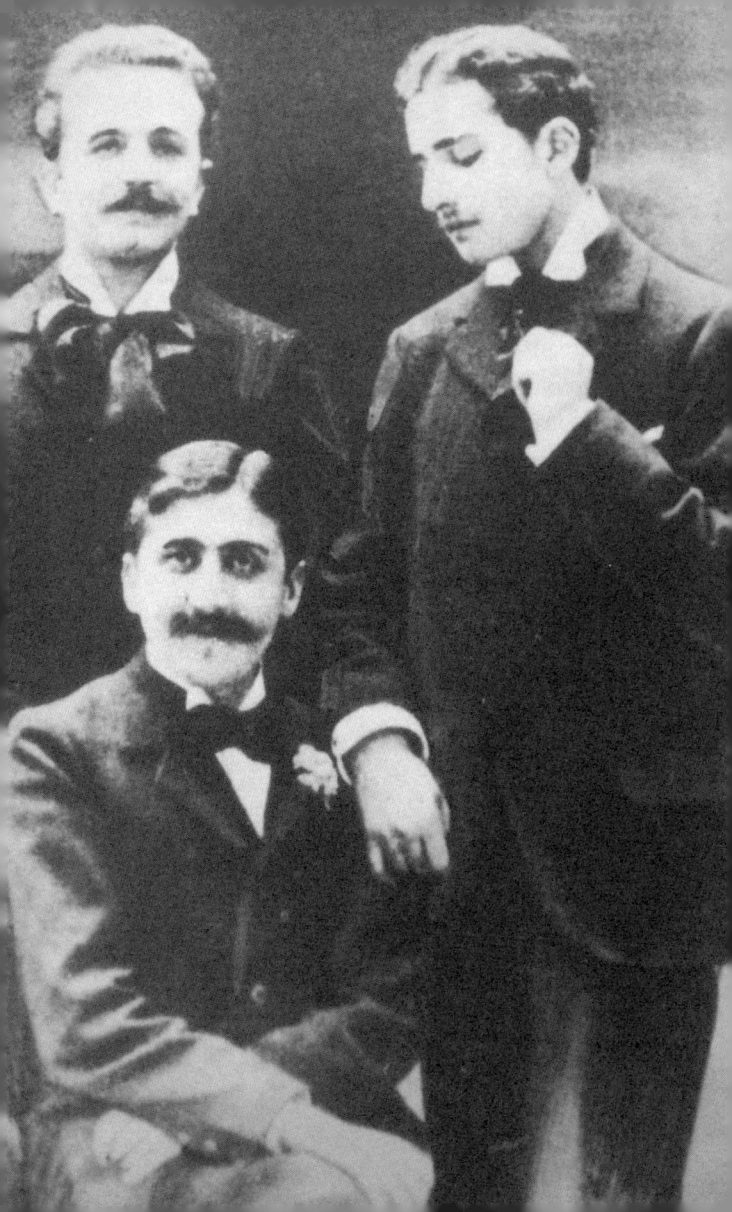

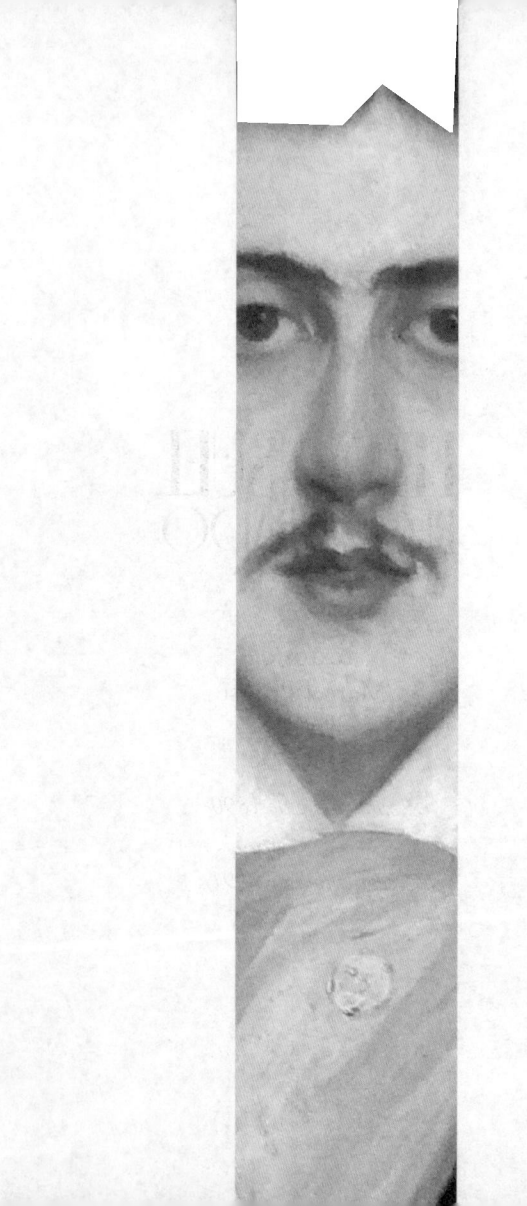

LE MENSUEL
RECOBRADO

Textos de
Marcel Proust

noviembre de 1890

–

septiembre de 1891

Sociedad

Madame Carnot ha retomado en el Élysée sus recepciones semanales de los martes.

La «cena céltica» tuvo lugar el 8 de noviembre en el Hôtel de la Marine, y fue presidida por Monsieur Ernest Renan.

El presidente de la República y Madame Carnot han retomado, desde el 20 del presente mes, sus recepciones semanales de los jueves por la noche.

El rey Milan ha llegado a París y se ha instalado en su hotel en el Bosque de Boulogne, donde pasará el invierno.

***

Moda.

La peineta de carey se usa tanto en la ciudad como en el teatro.

Madame Marie Magnier en *Palais-Royal* y Mademoiselle Réjane en *Variétés* son dos propagandistas de esta moda muy parisina.

ESTRELLA FUGAZ

Galería Georges Petit
Exposición Internacional de Pintura

DICIEMBRE DE 1890

Sala pequeña, cuadros pequeños y, estaba a punto de decir, injustamente, arte pequeño.

No, en este grupo reducido hay algunos artistas de gran talento, como Edelfet, Dinet, Zorn; y si bien uno siente cierta inquietud al echar el primer vistazo, luego queda encantado por la variedad de las manifestaciones actuales del arte.

¿Me pregunto qué pasará por la mente de un joven que se consagra a la pintura, que va por la mañana al Louvre y por la noche a la rue de Sèze?

«¿De qué sirve –dirá él– la enseñanza clásica, la ciencia de la composición, los largos años de estudio emulando a los maestros? Un poco de instinto, de gusto (¿y quién no lo tiene hoy en día?), algunos álbumes japoneses, muchas fotografías instantáneas: ¿acaso no es todo lo que se necesita para realizar estos bocetos fascinantes, que cautivan la atención del público y cementan la reputación del artista?

¿Para qué vamos a escuchar todo el palabrerío solemne de los antiguos, si después tendremos que desembarazarnos de esas fórmulas académicas, de esa enseñanza retrógrada, y volver a encontrar frente a la realidad una visión original y personal de las cosas?.

Las rebeliones de una juventud perturbada por las tendencias actuales son algo muy natural: existen en la literatura, la poesía, el teatro. Están latentes en el aire que respiramos, en la educación que recibimos. Y hace falta mucho carácter para resistirse a la corriente. Sin embargo, en literatura reconocemos de inmediato a aquel cuyos estudios clásicos son escasos, y que en su juventud habrá desatendido eso que nuestros padres llamaban las «humanidades»; asimismo, en la pintura reconocemos a quienes, al no haber estudiado lo suficiente, no tienen ningún recurso artístico más allá de la improvisación. En vano intentará olvidarlo aquel maestro de la escuela moderna: su mano, la maravillosa seguridad de su trazo y su ojo infalible nos recuerdan que alguna vez obtuvo el Premio de Roma.

Lo mismo sucede con Dinet, un joven y concienzudo cultor de la búsqueda artística, que expone las obras número 49, 50 y 51, y en quien detectamos una acabada educación en las bases esenciales de su arte.

Dinet nos muestra tres aspectos muy distintos de su talento: *La jeune danseuse de Laghouat* [La joven bailarina de Laghouat], *le Campement* [el Campamento] y *Après le bain* [Después del baño].

En *La jeune danseuse de Laghouat*, iluminación cruda, plena luz del Sol (el del Sahara) -que parece traspasar la carne-, apenas algunas sombras azules y ligeras. Es una obra deslumbrante.

Le Campement es un estudio opaco, una noche oscura y aun así transparente.

Après le bain nos muestra a una muchacha semidesnuda, por la mañana, en una esquina florida de nuestra Francia; no es Chloé, es una pequeña pueblerina desvestida. Una poesía íntima nos retiene ante este cuadro.

Zorn. Muy bello retrato de Madame T. El artista, en lo que es una muy infrecuente excepción, ha sabido superar las dificultades de esa edad triste y transitoria en la mujer que ya no es joven y que todavía no tiene el encanto de las canas y las arrugas aceptadas.

Monsieur Zorn expone nuevamente su bonito estudio del salón del Champ de Mars, de iluminación deliciosa.

¿Qué necesidad hay de que la actitud de la mujer, un poco retacona, con las piernas abiertas, sea de un trazo tan desagradable?

Les Petites Cueilleuses de fraises [Las pequeñas recolectoras de frutillas] de Edelfeldt son exquisitas. El pintor las muestra descendiendo por una montaña, detrás de la cual uno divisa el fiordo. Hay que ver el carácter extraño y cautivador de sus caritas de niña, enmarcadas por su pelo de pálido oro bajo las capuchas rojas. Bello retrato de un hombre del mismo autor; bien tratadas las manos.

Blanche nos muestra cinco veces la misma niña vestida de azul. Es encantadora, pero, multiplicada por la psique que la refleja, la verdad es que terminan siendo demasiadas niñas de azul. Con las de las obras número 18 y 22, muy bien pintadas, habría bastado.

Los bonitos estudios de Monsieur Desboutin son pasteles. Lo sé por haberlo leído en el catálogo, pues es muy difícil actualmente distinguir los pasteles de la pintura. La divisa de la escuela moderna de pintura es: «Opaca y honesta». Para evitar los brillos, se imprimen los lienzos y se pinta con cera. Observen los cuadros de Monsieur Dinet, que utiliza este nuevo procedimiento. Pero, si deciden adoptarlo, no pongan, como hacen algunos otros, un vidrio sobre la pintura opaca; produce destellos desagradables y muy distintos al brillo del óleo y el barniz.

Pasemos a los paisajes.

Los de Monsieur Montenard son deslumbrantes.

A Monsieur Dauphin también le gustan los mediodías, que se le dan muy bien. Sus marinas, dominio en el que se ha convertido en todo un maestro, son muy superiores a sus paisajes. *Lagarde*, tarde, crepúsculo, pequeños lienzos grises llenos de esa poesía en la que nos ha iniciado Cazin, pero con algo extra.

Monsieur Billote nos muestra que las cosas más humildes tienen su interés, pues pinta los rincones más ingratos de nuestra ciudad, los barrios de canteras y fortificaciones, los terrenos baldíos.

Monsieur Barrau, lo mismo: la Grande Jatte, y Courbevoie al Sol.

He dejado para lo último a Forain, paisajista. Sí, un verdadero paisaje de árboles, un cielo, vegetación; pero salta a la vista que Forain es incapaz de mostrarnos una pradera sin cubrirla de gallinas, y su *Course en province* [Excursión en la provincia], a pesar de su título y dimensión, no se sale demasiado de su género ordinario.

DE BRABANT

La moda

Diciembre de 1890

La moda, en toda su tiranía, ha hecho su aparición; si están de acuerdo, le consagraremos algunos instantes de nuestro tiempo libre para intentar explicarla lo mejor que podamos. En un primer momento, uno se dejaría persuadir fácilmente de que las modificaciones que ha traído este año son de mínima importancia; que el vestido del año pasado podría, de ser necesario, hacerle frente al que acaba de salir esta temporada. ¡Ah! ¡De no ser por los matices! ¡Pero son tantos...! Tienen que verlos, conmoverse con ellos, renegar del pasado, abrir la mente y, sobre todo, la billetera, a la que nuestras modistas apelan con tanta malicia.

El vestido de paño o la vicuña para el día. El verde oscuro, el violeta, el azul marino se usan mucho. El tono oscuro y el estilo llano de esta prenda justificarían su nombre, *la trotteuse* [la trotadora], de no ser porque la longitud de la pollera representa cierto obstáculo. Yo la llamaría más bien *la balayeuse* [la paseadora].

La falda lisa se mantiene, pero ha aumentado aún más su amplitud, al tiempo que se vuelve cada más ceñida en el talle. La amplitud, llevada así hasta el extremo, se ha convertido en un problema que solo nuestras más grandes modistas saben resolver.

El *corsage* está en plena revolución. Ya no quiere verse limitado en las caderas; ha recordado la mejor suerte que corría en los gloriosos reinos de Luis XII y Luis XV. El faldón ancho ya no es una *visión fugitiva*, sino una adaptación muy lograda de nuestros *corsages*, un refugio para las caderas criticables. La disimulación así autorizada es un gran progreso.

El *corsage* mismo se ve sujeto a todas las variantes posibles; pero antes que nada se pretende que este se amolde a la forma del busto y, de ser necesario, que aumente su gracia y disminuya su volumen.

La muselina de seda -no la santa muselina de nuestras madres- aún está a la orden del día, al igual que el encaje alto y delicado alrededor del escote, más cuadrado que en punta.

No rechacen los ornamentos con piedras finas: esmeraldas, ópalos, turquesas. Y no vayan a sacar falsas conclusiones morales; su sinceridad no se verá maculada, ni correrán ningún riesgo sus alhajas, si las combinan con sus hermanas ilegítimas.

El sombrero se complace en los excesos: fieltro amplio, con grandes penachos, que tapan el horizonte, ¡y que molestan a su vecino en el teatro! Capota microscópica; un poco más, y ya no será más que un cargo extra en la factura, pero del cual su cabeza no portará el menor rastro. ¡No importa! Por ahora, este pájaro maravilloso, color esmeralda, o azul, despliega con delicia sus largas alas en medio de un caos de tul perlado.

La capota con felpilla negra, recabada de piedras oscuras y sujetada por detrás con un broche de diamantes negros, deja escapar los rizos del sombrero, rivales victoriosos de los mechones de plumitas, a esta altura demasiado usados. Un moño pequeño, de algún color claro, preferentemente azul cielo, añadido en este conjunto adusto, resalta como un pensamiento alerta y alegre en medio de una disertación grave. Eso es lo que se estila, en cuanto al sombrero.

¡Cuestión importante si las hay, el vestido! Enorme estupor: se ha abandonado la chaqueta corta. ¿Dónde quieren que se refugien los faldones grandes si no es en un vestido largo, de forma redonda, o en una chaqueta grande al estilo Luis XV? Usted suspira, Madame: ¡desde el año pasado tiene una chaqueta de nutria que le costó un ojo de la cara! ¡Y ahora, he aquí esta pérfida moda que la obligará a renunciar a su prenda! ¡Sin chaqueta corta, adiós Romeo! No, mi querida Julieta, quédese tranquila. La situación no es tan grave como usted piensa; «hay componendas con el cielo»[14]; hemos convenido en dejar a los aristócratas de la materia, a la nutria, al astracán, su corte habitual y su largo relativo. El tapado de paño grande causa furor; viene adornado con pasamanerías de oro, de azabache; cuello Médicis, ornado de plumas, al igual que el borde del vestido, forrado de seda tornasolada, que recuerda esos insectos fabulosos de colores suaves, los cuales, al desplegar las alas, nos deslumbran al instante con sus reflejos. Este vestido, entonces, es al mismo tiempo sobrio y grave; pero la manera de llevarlo cambia el carácter del efecto; y, si osara darle un consejo al pescador imprudente que aborde esta Lorelei[15], le diría…

14 Famosa cita de Molière, *Lettre sur la comédie de l'Imposteur* (1667). Cf. *Le Tartuffe ou l'Imposteur* (1664), IV, V, vv. 1487-1488. [N. del T.]
15 Sirena o espíritu acuático de la mitología germánica, proveniente del risco homónimo ubicado cerca del río Rin. [N. del T.]

Hoy, nada; la próxima vez retomaremos este asunto, y abordaremos luego el vestido de baile; es decir, ¡el infinito!

Estrella Fugaz

Durante la cuaresma

Febrero de 1891

A Horace Finaly

[Sobre *L'Ingenuité fin de siècle* y Mademoiselle Yvette Guilbert, cinco conferencias en el Théâtre d'Application, por Monsieur Hugues Le Roux].

¿Ingenuidad? Se nos habla con elocuencia de la que tendría la cantante, y esto nos entretiene, sin persuadirnos: respetamos demasiado a las ingenuas como para endilgarles a Mademoiselle Yvette Guilbert como colega, y hemos disfrutado con demasiada frecuencia, en el Concert Parisien y el Nouveau Cirque, de las pícaras actuaciones de esta persona como para referirnos a su espectáculo con esta palabra. ¿Ingenuidad? ¿No habría que hablar más bien de la del crítico que da cinco conferencias sobre Yvette Guilbert, cuatro más de las que Monsieur Ganderax dio sobre Molière? Pero esto tampoco es exactamente ingenuidad. Es algo —me tomaré el atrevimiento de emplear una expresión que Monsieur Prudhomme nos envidiaría, y que hoy por hoy decoraría ciertas de sus declaraciones— muy «fin de siglo». Mucho más «fin de siglo» que Mademoiselle Yvette Guilbert, lo que tampoco es decir demasiado.

En efecto, cabría mencionar que, a causa de una evolución demasiado compleja como para ser analizada aquí, la crítica francesa entre 1889 y 1891 se ha vuelto dogmática una vez más, no en un sentido nuevo, sino en un territorio distinto al de antaño. Tomemos, por ejemplo, el caso de Monsieur Jules Lemaître. Cuando se trata de una de las obras maestras de la literatura, de esas que parecen ser menos discutibles, o incluso de las más queridas, él profesa la mayor veneración, y no se atreve a afirmar nada por miedo a juzgarla, o emite su opinión como si fuera una inclinación exclusivamente privada, quitándole de antemano cualquier pretensión de valor universal. Cuando se trata de una velada en el Concert Parisien, en cambio, ensaya una teoría de «la cantinela» e intenta constituir la cancioncilla de *café concert* como objeto científico. Conduzcan a nuestros diletantes más refinados y nuestros pirronianos más elegantes hacia la Scala, y en un instante se transformarán en feroces dogmatistas. No podemos atribuir una metamorfosis tan maravillosa a los misteriosos influjos que flotan en estos *cafés concerts*, por encima del humo azulado en invierno, por encima de la luz azulada de la Luna en verano. ¿No será más bien que lo que puede reducirse a fórmulas por estar sometido a leyes, lo que es objeto de la ciencia, en resumidas cuentas, son precisamente las manifestaciones más físicas, las más materiales, de nuestra actividad, mientras que el arte, en sus creaciones más excelsas, escapa absolutamente, debido a su esencia casi divina, a las investigaciones científicas? El Corazón y el Pensamiento estético tienen razones que la Razón en gran medida ignora. Pero la risa, esa risa que nos invade en el *café concert* –traducción de la alegría malsana que experimentamos al sentir nuestra irracionalidad–, tiene razones que nuestra Razón conoce. Y así, las producciones del *café concert,* a pesar de no ser aún literatura más que excepcionalmente, se convierten en materia de literatura, y de este modo nació la crítica de *café concert*. A partir de entonces, ha pasado a ser un ejercicio muy entretenido para los mejores virtuosos del estilo.

Se han cantado loas a las gracias y los méritos de Monsieur Paulus o Mademoiselle Valti, tanto según el modo lírico como siguiendo el gusto evangélico. La desproporción entre la dignidad de los epítetos que magnifican a estas personas más bien seculares, y estas personas mismas, divierte enormemente al lector. Y si de la mezcla erudita del estilo lírico y el estilo evangélico nace el estilo apocalíptico, el crítico adopta entonces la postura de un San Juan en el Nouveau Cirque, postura no desprovista de interés. Una recopilación de las columnas de Monsieur Jules Lemaître sería, entre muchas otras cosas, un repertorio muy instructivo de este nuevo género literario.

De todas formas, si la conferencia de Monsieur Le Roux es en ese sentido muy «fin de siglo», Mademoiselle Guilbert no lo es en lo más mínimo. Uno no se vuelve refinado por dejar de ser ingenuo. Nuestra hermana Yvette no es más «fin de siglo» que su casi homónimo, el grumete borracho y bonachón de Monsieur Loti. ¿Qué vínculo existe entre esta mujer tan graciosa, tan sana, tan íntegra, cuya dicción combina un ligero toque pintoresco y un poco de naturalismo (la literatura de hace quince años, la literatura *pre-fin de siglo*) con tantas buenas intenciones, tanta buena voluntad, tanta de la gracia y la amabilidad de Madame Judic? ¿Qué vínculo existe entre ella y las «flores del vicio», las embriagadoras y enfermizas flores que decoran extrañamente con su gélida elegancia las fantasías de Chéret y de Willette? Con un simple vestido blanco que resalta todavía más sus largos guantes negros, más bien parece, por su cara pálida y empolvada, en medio de la cual la boca, demasiado roja, sangra como una herida, una de esas criaturas de trazo brutal y vida intensa que pueblan la obra de un Raffaelli. Así, por su apariencia física -al igual que por su dicción-, Yvette nos hace pensar en el naturalismo, en el naturalismo ya pasado de moda, tan diferente, en cualquier caso, del arte de hoy en día.

No, no llega a ser esa mujercita provocadora que en los carteles de Chéret parece dispuesta a encabezar un nuevo «embarque para la isla de Citera»[16].

---

16   Alusión al título de un cuadro de Antoine Watteau, pintado en 1717 y basado en su anterior obra, *Peregrinación para la isla de Citera*. Según la mitología griega, en las aguas de esta isla del Egeo habría nacido la diosa Afrodita, y por lo tanto este destino solía

Admiramos más que nadie el talento de Mademoiselle Yvette Guilbert. Pero, a pesar de toda nuestra buena voluntad, no la encontramos para nada perversa. Tal vez sea una ingenuidad nuestra.

M.P.[17]

simbolizar el amor, los placeres carnales. [N. del T.]

17   Los textos firmados con las iniciales «M.P.» fueron publicados por el Institut Marcel Proust International (Société des Amis de Marcel Proust et des Amis de Combray) en un volumen titulado *Marcel Proust. Écrits de jeunesse (1887-1895)*.

Poesía

A Gustave L. de W.

«¡amantes, felices amantes!» (LA FONTAINE)

L'amour monte des cœurs comme une odeur de roses !
Il est beau de connaître un cœur empli d'amour,
De voir jusqu'en leur fond ses sources large écloses
Qui vont si vite et clair par cet éclatant jour.

Pourtant les Cœurs aimants ressemblent beaucoup mieux
À la nuit exaltante encor plus que le jour,
À la nuit, claire ou noire, et qui verse des cieux
Un trouble doux, mystérieux comme l'amour.

La nuit! La mer! Les deux seules choses magiques!
Serré dans son manteau magnifique et soyeux,
Je m'y perds en noyant mes regards dans ses yeux,
Ses yeux indifférents, langoureux et mystiques.

¡El amor emana de los corazones como un aroma a rosas!
Es hermoso conocer un corazón repleto de amor,
Ahondar con la mirada en sus fuentes, que brotan a
[borbotones
Y que con tanta rapidez y claridad fluyen en este
[espléndido día.

Sin embargo, los Corazones enamorados se parecen
[mucho más aún
A la excitante noche que al día,
A la noche, clara u oscura, y que vierte de los cielos
Una inquietud suave, misteriosa como el amor.

¡La noche! ¡El mar! ¡Las únicas dos cosas mágicas!
Arropado en su manto magnífico y sedoso,
Me pierdo allí, ahogando mis miradas en sus ojos,
Sus ojos indiferentes, lánguidos y místicos.

M.P.

La moda

Cuando el otro día les prometí hablar del vestido de baile, me metí, creo, en una situación comprometida. La columna de moda debe, sobre todas las cosas, apuntar a la pertinencia: es necesario adelantarse un poco a la propia época.

Ahora bien, el uso del vestido de baile ya está, hoy por hoy, absolutamente difundido, y todo lo que podría decir al respecto no tendría consecuencia alguna. ¿No sería más sensato confesar que estoy rezagado? Seguramente, el haber admitido con sinceridad que fue un error dar mi palabra hará que sepan disculpar el hecho de que no la cumpla. En cualquier caso, si no les hablo con propiedad de los vestidos de baile y de las nieves de antaño, ¿podría, sin embargo, comentarles algo que me apena? Tiene que ver con el vestido de baile de las jovencitas. Toda muchacha contaba antes con un privilegio al que no debería haber renunciado: podía mostrarse con sencillez. Iba al baile de tul, floreada. El tul, con su apariencia frágil, la ceñía elegantemente y formaba, por así decirlo, una barrera contra el contacto excesivo de las personas a su alrededor; la gente se le acercaba con menos confianza, menos audacia, por miedo a arrugar ese delicado envoltorio. Hoy, el obstáculo ha desaparecido: las jovencitas se han convertido casi en jóvenes mujeres, y lo deploro. Al parecer, son los americanos los que han provocado este cambio entre nosotros. ¿No habríamos podido encontrar por nuestra cuenta una alternativa mejor, en vez de tomar esta prestada? Pero me estoy alejando del tema que me concierne, y casi me olvido de que esa princesa, la Primavera, por fin ha llegado con todos sus encantos. Hacía mucho que se había retirado a su refugio, dando vía libre al viento y a los chaparrones; pero no por haberse ido antes deja de estar aquí ahora, y me ha permitido de buena gana explorar sus tesoros. Son tantos que uno no sabe por dónde comenzar, y teme perder la cabeza. Empecemos entonces, justamente, por ahí: por el sombrero.

Cada vez más pequeño, el sombrero se iza sobre los rizos como un acento circunflejo. Puede adoptar la forma de una mariposa, un penacho azabache, o un par de alas de oro que se funden en un tul o un ramo de flores.

El sombrero redondo todavía espera que los rayos más ardientes del Sol lo iluminen para mostrar toda su magnificencia; pero podemos adivinar que el ala será amplia, que la copa será baja, y que la disposición de las plumas y las flores nos ofrecerá implícitas e incontables fantasías.

A continuación, la ropa.

La chaqueta grande siempre es la predilecta de las figuras elegantes; se la usa larga, estilo Luis xv, con solapas, de paño sencillo o recabada lujosamente de azabaches y con bordados opacos.

La capa semilarga sigue causando furor; pero como las tiendas de novedades ya han acaparado este invento, la misión de nuestras mayores modistas se ha vuelto más delicada: ¡triunfar por encima de la banalidad, esa es la clave! Y lo han logrado. La capa de paño fino o popelina siciliana, con su forma mefistofélica o, si prefieren, estilo Enrique

II, sus apliques de azabache y de oro, sus franjas de azabache o encajes anchos, su cuello Médicis, menos alto para darle más libertad de movimiento a la cabeza, forrada de tela suave clara u oscura, es «el último grito». ¡Sobre todo, hay que evitar la ropa bordada de cabujones de azabache, la atracción principal de la estación! Ha caído en la vulgaridad; ahora es la atracción principal del espectáculo de ayer, como diría Sarcey.

El vestido de primavera todavía no ha llegado a su apogeo; pero los pocos especímenes que he visto entre nuestros grandes modistas me autorizan a hablar del tema con convicción. Antes que nada, debemos felicitarnos de la libertad que reina entre nosotros. Todo se usa, todo se acepta en nombre de la gracia y el gusto, tanto el faldón ancho con solapas, combinado con una chaqueta bordada de diseños finos, como el *corsage* de cinturón bordado o liso, prenda en la que se deja que la misma tela engalane el conjunto con pliegues y volados.

Incluso he visto un traje gris de gusto impecable. ¿Dónde? ¿Cómo? ¡Nunca lo adivinarían! Me limitaré simplemente a describirlo en detalle.

El traje en cuestión es de un tono gris claro; la tela de lana fina recuerda, por tu textura aterciopelada, la pana tan buscada este invierno, y es, al mismo tiempo, igual de ligera que el fular. La falda, de cola corta, está forrada en tafetán; esta última innovación evita el uso de enaguas y les simplifica las cosas a aquellas mujeres que no tienen intenciones de quitarle un peso de encima al ayuntamiento barriendo ellas mismas con su prenda las calles.

Un encaje en imitación de la vieja puntilla de Venecia decora el borde de esta falda, cuya tela está cortada enteramente al bies, lo que le aporta mucha distinción. La cinta de adorno que sujeta este encaje recuerda la del *corsage*, repleto de bordados con perlas de acero, cuya parte frontal termina en una serie de pliegues sobre un chaleco de encaje veneciano, chaleco que se extiende hasta el talle en forma de faldón.

Hubo un traje negro que también supo deleitarme. ¿Pero no es mejor detenerse en la nota gris? «Quizá». Es con esa palabra como termina una comedia de Alexandre Dumas (*El suplicio de una mujer*). ¿Por qué no decimos lo mismo aquí, y las libramos de

ESTRELLA FUGAZ?

Miscelánea

Confiteor, de Monsieur GABRIEL TRARIEUX. Editado por *Comptoir d'édition*, 14, rue Halévy.

Le Mensuel tiene muy poco espacio para dar cuenta del volumen de versos que acaba de publicar Monsieur Trarieux. Apenas podemos recomendar en especial aquellas piezas que nos han agradado más que el resto de las que forman este poemario, a saber, las tituladas «Un jour», «Souvenir», «Rondel», «Humilité», «À une jeune fille», «Séparation», «Communion»… Citaremos varios más.

Queremos, antes que nada, ser sinceros con Monsieur Trarieux. Por eso le decimos con toda franqueza que, de su libro, hemos quedado particularmente satisfechos con una cantidad considerable de versos aislados, de un sentimiento muy fino, y a los cuales supo darles una forma completa y musical. No nos costaría encontrar aquí muchos tan bonitos como este:

Je songe aux coeurs brisés par l'angoisse d'amour
[Pienso en los corazones rotos por la angustia del amor]

O este otro:

L'inconsolable chant de mes douleurs secrètes
[El inconsolable canto de mis dolores secretos]

Ambos se encuentran en medio de poemas que, empero, no son los que más nos han gustado. El lenguaje de Monsieur Trarieux parece a menudo sonoro y dúctil, y formula de un modo excelente esas armonías sentimentales que le han sido reveladas. ¿Qué necesidad había de arruinar para nosotros ese don tan personal y tan íntimo con la influencia artificiosa de ciertos poetas complicados? El hieratismo baudelairiano que agrava su exotismo produce un efecto verdaderamente irritante en 1891. Quisiéramos que Monsieur Trarieux, algunos de cuyos versos nos parecen comparables a los de los poetas de *Las vanas ternuras*[18], las delicadas *Intimidades*[19] e incluso las *Romanzas sin palabras*[20], se desembarazase de este aparente afán suyo por cultivar una poesía erudita y algo artificial para nuestro gusto. Nos imaginamos que su pluma expresaría entonces con mayor soltura el tipo de análisis discreto aunque emotivo de las más tiernas pasiones del que nos ha dado algunos ejemplos en su obra *Ritournelle des amoureux*. Su lenguaje tiene el encanto suficiente; su pensamiento, la melancolía necesaria; y sin duda ha reflexionado ya sobre las penas que nacen del corazón. Admitimos que las piezas que menos nos complacen tal vez sean más pulidas, pero su filosofía inquietante y por lo general panteísta nos ha causado pavor; y, sobre todo, lamentamos la forma necesariamente un poco naif con la que ha adornado lo que, en nuestra opinión, son meros pastiches de poetas difuntos, cuya curiosidad deriva de un sensualismo fácil, al que la Musa tan casta de Mon-

18   Publicado por Sully Prudhomme en 1875. [N. del T.]
19   Publicado por Francois Coppée en 1868. [N. del T.]
20   Publicado por Paul Verlaine en 1874. [N. del T.]

sieur Trarieux por momentos ha condescendido satánicamente.

Sin contar «Le rêve de Judas», explicación determinista harto plausible y misericordiosa de las sugestiones a las que se dejó arrastrar el alma del apóstol que entregó a Cristo, tampoco nos han agradado mucho los poemas de inspiración religiosa. Este poema sobre Judas, el cual, sin ser muy ortodoxo, podría pasar por eslavista, contiene una bonita alusión a la Piedad, definida como «esa delicada flor de los siglos», a la que apenas podríamos reprocharle una pizca de diletantismo. Si hemos comprendido bien el pensamiento de Monsieur Trarieux, él quiso presentarnos a Judas como el instrumento irresponsable a través del cual se cumplió la voluntad divina. Esta astuta negación de nuestro libre albedrío, mediante un inesperado caso de hipnosis –que sería el mismo en todas las criaturas–, tal vez no sea del todo seria, pero ciertamente es tentadora. No podemos más que felicitar a Monsieur Trarieux por la euritmia de sus concepciones místicas. Aun así, quisiéramos que las abandonara, y que simplemente tradujera para nosotros el murmullo de sus voces interiores; sobre todo porque la aparente ingenuidad de sus palabras es sagaz y poco banal. En los siguientes cuatro versos, elegidos al azar, el autor recobra el balbuceo exquisito, el ritmo calmo y atormentado, casi el genio íntegro de Verlaine:

Je cherche une âme aux langueurs un peu mièvres,
Qui soit pareille à ces femmes voilées
Dont le regard aux lueurs étoilées
Tombe aussi doux qu'un baiser fuit des lèvres…

[Busco un alma de languideces un poco infantiles,
Que sea parecida a esas mujeres veladas
Cuya mirada de resplandores estrellados
Cae tan suavemente como huye un beso de los
labios…]

A la ternura que trasluce la forma de estos versos se le suma una gran seriedad de sentimiento. Creemos que este tipo de textos tan dulces, tan breves, son en particular los que debe escribir Monsieur Trarieux. De los poetas que parece haber admirado en su juventud, dejaríamos de lado de buena gana la influencia, por momentos todavía visible en él, de Leconte de Lisle y de Hugo, e incluso la de Baudelaire y Lamartine; y así nos sería posible redescubrir en su poesía gran parte de la psicología (perdón por usar esta palabra desagradable) y del temperamento de Verlaine, y –lo que es más dudoso– de Jules Laforgue, quienes a su vez descienden directamente de Racine y de A. de Musset. A esos nombres se podrían agregar, si uno quisiera, el de Amiel y también el de Sully-Prudhomme. Tal vez sea nuestra gran afición por estos poetas la que nos lleva a querer ubicarlos al lado de Monsieur Trarieux.

Y.

Impresiones de salones

Mayo de 1891

Nuevamente, este año tenemos dos clanes de pintores en guerra: los de los Campos Elíseos y los del Campo de Marte. Unos defienden la tradición, son la Escuela; los otros proclaman ser la juventud y la libertad. Estos rótulos tal vez no signifiquen gran cosa, pues, en el fondo, el objetivo es siempre el mismo, y este consiste para ambos bandos –nadie lo niega– en abordar directamente la naturaleza y plasmar con la mayor fortuna posible las impresiones que esta ha provocado en el artista. Sin embargo, me parece que el Campo de Marte ha tenido más éxito en sus incursiones: todo lo que exponen es más entretenido y, en particular, aquí la cantidad de cuadros mediocres es menos enorme. Sé muy bien que, según dicen, la tradición de la «gran pintura» reside en los Campos Elíseos. ¡Dios santo! ¿Qué vendría a ser esa «gran pintura»? ¿Acaso consiste en la dimensión gigantesca del lienzo? Entonces el pobre de Rochegrosse es el más grande de nuestros pintores, y muchos de sus colegas del Palais de l'Industrie[21] no tienen demasiado que envidiarle tampoco; pero si el gran arte es simplemente el que nos eleva, el que nos hace pensar en muchas cosas excelsas, el que hace vibrar el alma acariciando los ojos, entonces la verdad es que lo encuentro con mucha mayor frecuencia en el otro bando. Por lo demás, estas son impresiones que yo apunto, impresiones personales que, lo admito, son pasibles de reservas y réplicas.

Uno se eleva por encima de la Tierra con Puvis de Chavannes, o mejor dicho, uno quisiera elevarse con él a ese mundo de ensueño, de paz profunda, a

21   El Palais de l'Industrie et des Beax-Arts (Palacio de la Industria y las Bellas Artes) fue un salón de exhibiciones ubicado entre el Sena y los Campos Elíseos, construido especialmente para la Exposición Universal de París en 1855. Fue demolido en 1896 para erigir sobre su emplazamiento el Petit Palais y el Grand Palais, donde se celebraría la Exposición Universal de París de 1900. [N. del T.]

esa atmósfera opaca pero no pesada, donde sus personajes viven una vida etérea pero no irreal. Uno cree conocer este bello paisaje; uno ha sentido, en algún día venturoso, la felicidad de pasar allí una hermosa mañana de verano, pero ciertamente no con esa fuerza, esa intensidad. Aunque el encanto de los dos paneles creados para el museo de Rouen tarda en invadirnos, termina aislándonos de todas las pinturas que los rodean. ¿Qué efecto tendrán cuando uno los vea en su lugar, sin ese tapiz decorativo rojo que, a primera vista, destruye la delicada armonía de ambas piezas?

Puvis personifica el ensueño, la vida contemplativa; Besnard, el movimiento, los colores radiantes, la vida en toda su plenitud, la naturaleza engrandecida, yo diría incluso idealizada, de no ser porque este término con demasiada frecuencia se entiende en un sentido banal. No conozco retrato más seductor que el de las dos hermanas tomadas del brazo, finas, maliciosas, de piel nacarada, vestidas sencillamente con un tul verde sujetado en el talle por una cinta blanca, una dándose vuelta ligeramente hacia atrás en un movimiento orgulloso pero no altivo, y la otra inclinándose para recoger una flor, sin esfuerzo ni afectación. Ambas se recor-

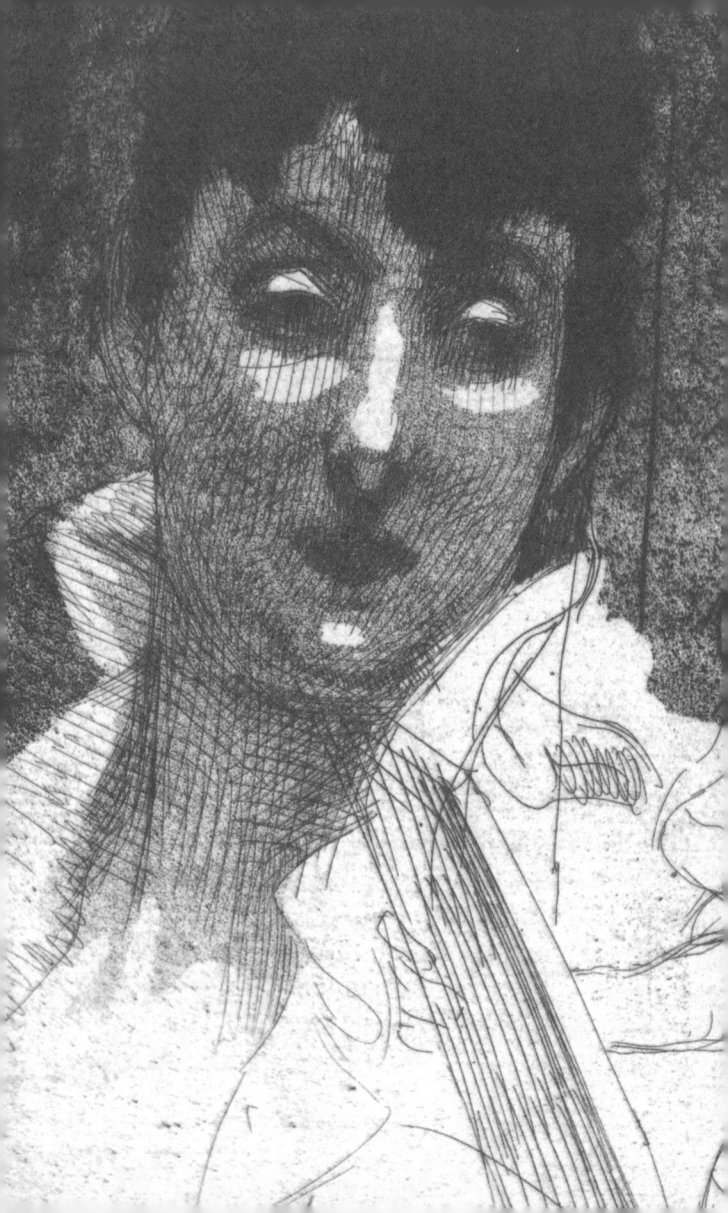

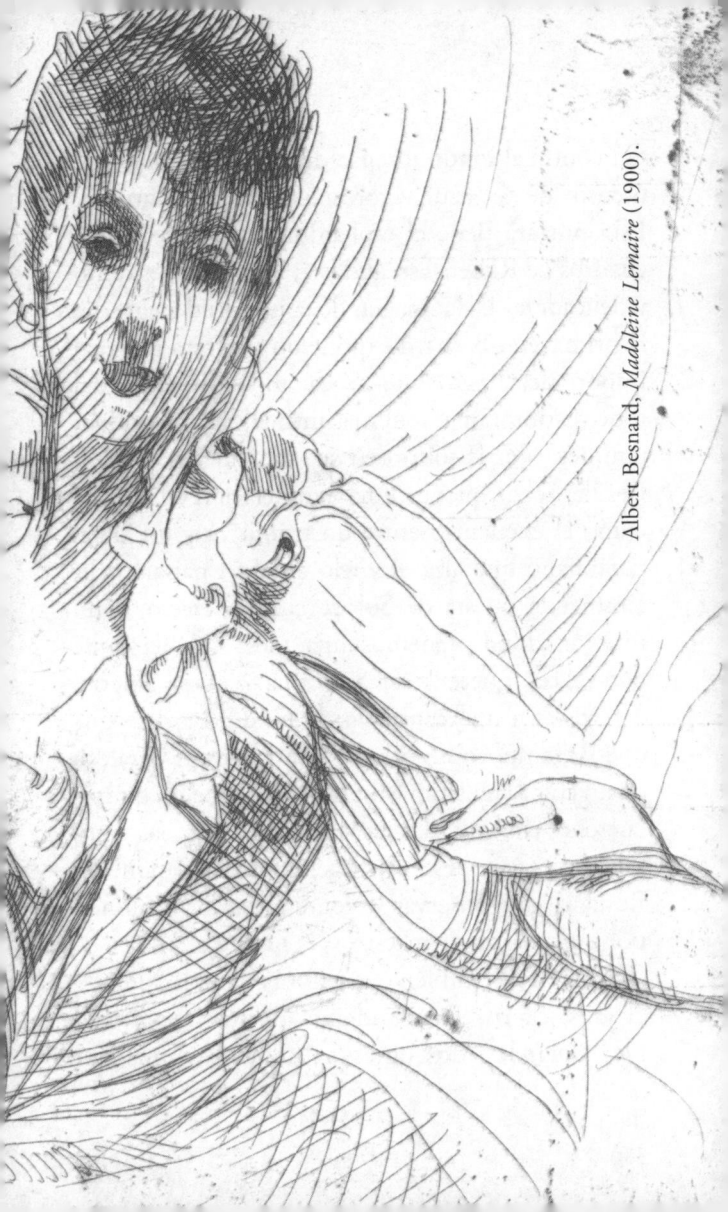

Albert Besnard, *Madeleine Lemaire* (1900).

tan contra el fondo intenso de una sierra de follaje oscuro, de un azul vigoroso, profundo, untuoso. Esta pintura tiene el esplendor de los más bellos cuadros de Rubens, su audacia, además de encanto y delicadeza. Es la imagen de la juventud alegre, de la primavera. Besnard expone otro retrato de igual importancia, pero que evoca un sentimiento del todo distinto: una nota más íntima, más recóndita; también es más sobrio en sus tonalidades. Luego, tres lienzos pequeños: una Anunciación concebida como el encuentro entre un primitivo y un ángel gozzoliano que alza el vuelo ante un paisaje delicioso; una puesta de Sol de curioso efecto; y un interior, donde tenemos una mesa servida (¡qué naturaleza muerta!) cerca de una ventana abierta, con vistas a un acantilado de fondo. No hay que olvidar tampoco sus bocetos (proyectos de vitrales), de un color bellísimo y un trazo muy suelto, que recuerdan, sin imitarlas en lo más mínimo, las composiciones japonesas, ya que, como los japoneses, Besnard sabe observar y siente un amor profundo por esa maestra de maestros, la naturaleza.

A Edelfelt también le encanta el Sol, los colores alegres, claros. Tiene, además de sus incomparables acuarelas, dos obras encantadoras: una que muestra a dos pequeñas finlandesas paseándose por un sendero soleado, y otra donde vemos el interior de un cabaret italiano. Por último, un gran lienzo de un misticismo sincero y robusto, que representa a Cristo y Magdalena según una leyenda escandinava.

Cito al azar las pinturas que me han conmovido particularmente. Primero Kuehl, que también desarrolla el tema de la luz en *Clartés du Soleil* [Destellos del Sol], donde uno detecta un leve deje a Peter de Hoogh; más personal se muestra en *Tristes Nouvelles* [Tristes Noticias]. Dessar, un joven americano, ha vertido mucha poesía en su obra *Départ pour la pêche* [Partida hacia la pesca]. Será interesante seguir a Kowalsky. Hay quienes cultivan una búsqueda artística sincera, con singular felicidad, como Jeanniot en su *Effet de neige* [Efecto de nieve], como Billotte en sus vistas de París, tan verdaderas y poéticas, como Lepère, con la audacia de su paleta, como Barau, como Lebourg, como Stetten en sus estudios. Otro es Dagnan, aunque quizá le falte confianza en sí mismo. Su *Départ des conscrits* [Partida de los conscriptos] es de una concepción elevada, noble, como todo lo que nos llega de este gran artista. Pero si cada conscripto, individualmente, ha sido tratado de un modo maravilloso, el grupo no proyecta una verdadera vida común; todos se aíslan en sus propias meditaciones, y uno no siente el gran aliento que impulsa a las multitudes. Hasta me pareció que faltaba un poco el aire en esa calle donde cantan los jóvenes. En cambio, Dagnan expone al lado una auténtica obra maestra, una muchacha envuelta en tela azul, en una atmósfera de profunda poesía. Esta poesía uno la encuentra asimismo en Lerolle, aunque se la note algo nebulosa en su caso este año; la encuentra en Cazin, cuyos paisajes, sin embargo, son más metálicos que de costumbre; en la *Jeanne d'Arc* [Juana de Arco] de Lagarde; luego, muy intensa y más despejada de su bruma (algo forzada, tal vez), en las obras tan curiosas de Carrière, en sus composiciones íntimas, sus retratos tan personales.

¡Cuántos retratos bellos hay en ambas exposiciones! Sería difícil citarlos todos; nos apena no poder demorarnos en cada uno y tener que recurrir a una simple enumeración, repleta, lamentablemente, de lagunas.

El más sorprendente (la impresión es unánime) es el de la hermosa Madame Gautereau, de Courtois; también está el del pintor Stetten, del mismo artista; son notables el retrato de un niño, de Sargent, firme, lleno de vida y naturalidad; el retrato del cardinal de Sens, de Delaunay, obra de un gran maestro; el de Bonnat; los retratos de Carolus-Duran, de Chaplin (un buen Chaplin), de Chartran, de Dubois; un bello retrato de una mujer, de Humbert; un cura de Mademoiselle Virginie Porgès; y los retratos de Madam Roth; los de Boldini y los de Blanche son muy curiosos, de un movimiento algo excesivo, pero bien observado (uno desearía una paleta más ligera, de tonos más libres, menos sucios, especialmente en las sombras); los pequeños y delicados retratos de Jarraud, algunos estudios-retratos de Stevens (en especial el de una dama de amarillo), un retrato más viejo pero muy particular de Whistler: todo eso también es interesante.

El mismo Whistler tiene una marina muy exquisita. Otros lienzos que me quedarían por citar: Renan exhibe una vista encantadora de Argelia; Dumoulin, estudios italianos sinceros y audaces; Pointelin sigue haciendo gala de su nota melancólica. No he mencionado tampoco las vigorosas obras de Ribot, las naturalezas muertas «chardinescas» de Zakarian; la de Bergeret, más importante, más personal; y finalmente la del gran maestro Vollon.

Menos me atrevo todavía a enfrentar la escultura, a pesar de los grandes nombres de Falguière, de Dubois, de Rodin; pero, dado que esto que anoto son impresiones personales, no puedo concluir sin antes decir algo de las que me han causado algunos grandes artistas que trabajan en los admirables «géneros inferiores». El vidriero Gallé acaso sea nuestro poeta más genial: un ala de búho, pájaros en la nieve, libélulas de colores sombríos o brillantes, le sirven de tema para sus obras y lo llevan a hacernos vibrar de pies a cabeza. El grabador Roty nos brinda una sensación igual de profunda con sus maravillosas medallas, sobre todo la de Sir John Pope Hennesi, la del Club Alpin, y su placa conmemorativa de una fiesta familiar, tres obras de arte logradas. Finalmente, Delaherche y Chaplet siguen los mismos rumbos distinguidos en sus bellas cerámicas.

¡Cuánto talento! ¡Qué esfuerzos más nobles! Para transmitir la viva admiración que siento haría falta una pluma menos incierta. De todas formas, si logré despertar en mis lectores algunas de las sensaciones artísticas que experimenté, habré alcanzado mi objetivo. En cambio, si he irritado a alguno de ellos, *Le Mensuel* con mucho gusto recibirá cualquier queja suya, pues «*à raconter ses maux souvent on les soulage*»[22] [contando sus males a menudo uno los alivia]. Además, la réplica a este artículo será muy fácil. Uno borra sin ningún esfuerzo la

CARBONILLA.

---

22   Corneille, *Polyeucte* (1643), I, iii, v. 163. [N. del T.]

Lugares públicos

Para Mesdemoiselles Rosa-Josepha.

[Horloge, Alcazar, Ambassadeurs, Folies-Bergère, Nou-
veau-Cirque, Hippodrome, Cirque d'Été, etc., etc.]

Ahora que las crónicas teatrales de esta temporada
van llegando a su fin, y que se van acumulando los
productos de lo que nuestro propio colaborador
M.P. ha denominado aquí con tanto tino «crítica
de *café concert*» –cuando apenas estábamos en febrero–, Zeus y Monsieur Sarcey nos guarden de
adoptar nosotros también la postura de los acostumbrados «San Juan en el Nouveau Cirque» que
uno encuentra, por ejemplo, en *Le Journal des Dé-
bats*. La diosa del Ambassadeurs –nos referimos

a Mademoiselle Vanoni– lamenta, al parecer, la obstinación budista con la que se reiteran las mismas comparaciones que nuestros condescendientes espectáculos de verano suelen incitar, durante esta época del año, en los hábiles columnistas de ese periódico, menos austero que nuestro *Le Mensuel*. Mademoiselle Vanoni también constata con desesperación que a Monsieur Leconte de Lisle, ingenioso modificador de vocablos, se le ocurre pronunciar su nombre así: *Valmiki*.

Tal vez haya llegado la hora de dejar de ver a nuestros más sorprendentes cantantes de *café concert* casi como si fueran fantoches sobrenaturales. Nuestro colaborador M.P. lo indicó en términos que no hemos olvidado; y se burló, con la amabilidad y gracia pertinentes, del fetichismo apocalíptico que este nuevo culto apoya. ¿Se atrevería, sin embargo, a negar la divinidad de Monsieur Clovis, cuya existencia pueden constatar todas las noches sus espectadores en el Alcazar, cosa que estas mismas personas no podrían hacer con todos los dioses? Ya habíamos tenido el placer de escuchar a Monsieur Clovis este invierno en el Concert-Parisien, donde hoy acaparaba toda la atención Mademoiselle Yvette Guilbert. Recordamos la jovialidad que mostraba entonces al interpretar a un cochero de carros fúnebres, y la exuberante alegría que por una razón u otra terminaba exhibiendo siempre al recordar a sus contemporáneos enterrados. Los parroquianos acodados frente a los licores de cereza del Alcazar pueden, hoy en día, verlo realizar las acrobacias más emocionantes y minuciosamente complicadas. Y hay que escuchar su monólogo sobre la conversación que mantuvo con un actor definitivamente foráneo, quien, al tener que representar, en no sé qué teatro lejano, una nueva obra dramática de Monsieur Pierre Loti, teniente de navío, la atribuye, luego de varias confusiones en el último acto, ¡a Monsieur Pierre Loto, teniente de extravío! Una ola de risa recorrió el jardín, donde Monsieur Sarcey no se encontraba.

¿Los encantos de Subac, quién podría retratarlos? Conocerlos es ser incapaz de describirlos.

> *J'suppos' que ça vous est égal,*
> *Halle aux Vins, place Pigalle,*
> [Supongo que a ustedes les da igual,
> Halle aux Vins, place Pigalle,]

susurra este delicado versificador,

De savoir ce qu'ell' devint,
Place Pigalle, Halle aux Vins.
[Saber qué fue de ella,
Place Pigalle, Halle aux Vins.]

Y así durante quince minutos, media hora…

Por eso hace falta ver la sonrisa de desprecio condescendiente que a cada momento aflora, no en los labios de los espectadores, sino en los de Monsieur Sulbac, mientras que el excelente público estalla en carcajadas y Monsieur Francisque Sarcey investiga la frescura estival recorriendo los espacios numerados del subsuelo del teatro Bouffes du Nord, teatro que él mismo le reveló a la población, donde inteligentes criminales instalaron, como bien sabemos, las calderas más agobiantes, con la intensión inconfesada, pero por eso mismo todavía más evidente, de elevar la temperatura del recinto y fastidiar al príncipe de la crítica. «¡Oh! ¡Gran sombra de Victor Hugo…! Eso es muy bonito e ingenioso, la verdad… ¡Poesía! ¡He aquí otro de tus embates…!» exclama cada tanto Monsieur Sulbac. Con palabras por el estilo va comentando las coplas, a las que juzga excesivamente desprovistas de cualidades académicas, con la libertad y el acento de un discípulo de José Dupuis. Y, de todos los placeres que nos ofrece, el menos interesante ciertamente no es el que nos brinda su original manera de apuntar, a través de la precariedad de lo que dice, contra el esnobismo de las numerosas personas que aclaman su alegre, glorioso y muy sarcástico rostro de querubín.

Voluptuosas bellezas de los *cafés concerts,* criaturas vegetales, desearíamos que hubieran dejado menos prendas en el guardarropa, pues sus atributos no ameritan más análisis que el de los hombres. A pesar de que la notable Mademoiselle Valti cecee sus canciones de tal modo que nos da la ligera impresión de que se las ha robado a las bailarinas egipcias de la rue du Caire –esas mujeres que tanto echamos de menos–, y de que Madame Duparc cultive el ejercicio de la más afectada procacidad, Mademoiselle Yvette Guilbert, esta artista verdadera y única, tan sabia y tan espontánea, vuela demasiado alto como para que sintamos la más fugaz tentación de compararla con las múltiples y diminutivas Yvettes y *divettes* que la rodean. Eso nos deja espacio suficiente como para remarcar la presencia en el Ambassadeurs de la muy bonita Mademoiselle Viguier, cuya voz singular, quizá un poco fuerte, promete de todas formas adaptarse placenteramente a las necesidades armónicas que puedan surgir en el futuro. Flor crepuscular de muy morena piel criolla, nos ha parecido la más joven y, en cualquier caso, la más cercana de las estrellas del *café concert:* su brillo no ha tardado ni dos años en alcanzarnos. Se nos disculpará por habernos olvidado, después de tan elegante persona, del nombre de todas las que fueron recibidas con silbidos o toleradas con un desapego más escéptico o más resignado que antes. Las épocas en las que se armaba barullo en el Ambassador, como podemos ver, son cosa del pasado. La universalidad de la indiferencia también ha invadido a sus párrocos. ¡Oh! Este fin de siglo… Monsieur Kam-Hill, el deplorable Monsieur Kam-Hill, no tiene la culpa: este hombre de mundo, siempre rutilante, gesticula con afectación mientras canta canciones escocesas donde tiene la temeridad, nos parece a nosotros, de reclamar manzanas.

Pero sucede que las líneas se acumulan y nos estamos quedando sin espacio. ¿Cómo podremos narrar a nuestro inenarrable y, por lo demás, ya tan clásico Paulus (a quien imitan en el conservatorio: vean la máscara trágica de Monsieur de Max), los largos brazos y los guiños de Monsieur Brunin, las divertidas poses desgarbadas de una mujer muy alta que canta obscenidades en cierta parte del show y, por último, la alegría danzante de Eugenio y la indivisa cavidad abdominal de Mesdemoiselles Rosa-Josepha, contempladoras poco dadas a la conversación, a las cuales, no lo olvidemos, les hemos dedicado este artículo, y a quienes deben deleitar los espectáculos de verano? «Rosa es bastante ordinaria, pero Josépha es muy inteligente» (o viceversa), nos decía a propósito de estas jóvenes, a mis amigos Émile Philippi, Robert Dreyfus y a mí, un personaje importante, a juzgar por su apariencia excesivamente decorada, que trabajaba en el mismo teatro que exhibe a las siamesas. «Cada una cuenta con su propia individualidad moral —agregó otro complaciente interlocutor—. Y además, tienen una sola pelvis entre las dos. Eso es lo más notorio». Estuvimos de acuerdo entonces, y lo estamos ahora. Pero, por otro lado, nos falta espacio para denunciar, con la acritud que yo quisiera, los toros de cuernos acolchados y la humanitaria falta de inteligencia de los leones del Hippodrome, que nunca, pero nunca, se decidirán a comerse ni un poquito a sus domadores.

Bob

Cosas normandas

Septiembre de 1891

A Paul Grunebaum

> «Trouville, la capital del cantón, de 6.808
> habitantes, puede albergar durante el verano
> a más de 15.000 forasteros».
> (Guía turística *Joanne*)

Después de varios días se puede contemplar la calma
del mar en el cielo nuevamente despejado, como se
puede contemplar un alma en una mirada. Pero ya
no queda nadie para deleitarse en las locuras y apaci-
guamientos del mar de septiembre, porque se considera elegante abandonar las playas a fines de agosto
para ir a la campiña. Sin embargo, envidio y, si los
conozco, suelo visitar a quienes tienen la campiña
cerca del mar, al norte de Trouville, por ejemplo. En-

vidio a quien pueda pasar el otoño en Normandía, aunque se trate de alguien que apenas sepa pensar o sentir. Esas tierras, nunca muy frías, ni siquiera en invierno, son las más verdes que existen, y allí el pasto crece naturalmente y sin la menor interrupción, incluso en las laderas de los cerros, en esa disposición tan agradable conocida como arboleda en declive. A menudo, desde una terraza, donde humea el té dorado sobre la mesa servida, uno puede ver «el Sol que brilla sobre el mar»[23] y los barcos que se acercan a la costa, «todos esos movimientos de aquellos que parten, de aquellos que todavía tienen la fuerza de desear y querer».[24] Desde allí, en ese entorno tan tranquilo y placentero, entre toda la vegetación, uno puede observar la paz de los mares, o el mar tormentoso, y las olas coronadas de espuma y de gaviotas, que se precipitan como leones, haciendo ondular bajo el viento su cresta blanca. Pero la luna, invisible a todos durante el día, sigue perturbándolas con su magnífica mirada, y las doma, deteniendo de súbito

---

23   Baudelaire, «Canto de otoño», v. 20. [N. del T.]

24   Cf. Baudelaire, *Pequeños poemas en prosa,* XLI, «El puerto», *in finis:* «todos esos movimientos de aquellos que parten y de aquellos que vuelven, de aquellos que todavía tienen la fuerza de querer, el deseo de viajar o de enriquecerse». [N. del T.]

su asalto y excitándolas de nuevo antes de hacerlas recular una vez más, seguramente para llenar con este espectáculo encantador los melancólicos ratos libres de la asamblea de los astros, príncipes misteriosos de los cielos marítimos. Quien vive en Normandía ve todas esas cosas; y, si baja por la mañana a la orilla del mar, puede oír cómo este solloza al ritmo de los impulsos del alma humana; el mar, que en la Creación corresponde a la música, pues, al no mostrarnos nada material, y al no ser de carácter descriptivo, parece el canto monótono de una voluntad ambiciosa y desfalleciente. Por la noche esta persona vuelve a subir por la campiña, y en sus jardines ya no puede distinguir el cielo del mar, que se confunden entre sí. Le parece, de todas formas, que una línea brillante los separa: el de arriba sin duda es el cielo. Sin duda es el cielo, esta ligera faja de pálido azul, y el mar humedece solamente sus bordes de oro. Pero, de repente, un navío lo decora, cual blasón, pareciendo navegar en pleno firmamento. Por la noche, si sale la luna, esta tiñe de blanco los densos vapores que ascienden de la hierba, y por un delicado conjuro el campo parece un lago o una pradera cubierta de nieve. Así, esta campiña, la más rica de Francia, que con su abundancia inagotable de granjas, vacas, crema, manzanos de sidra y pasto profuso nos invita a entregarnos exclusivamente a la comida y el sueño, se ve dotada, al caer la noche, de cierto misterio, y rivaliza en melancolía con la gran planicie del mar. Por último, hay casas muy atractivas, algunas asediadas por el mar y resguardadas de él, otras encaramadas sobre el acantilado, en medio de los bosques, donde se extienden ampliamente sobre mesetas de rico herbaje. No me refiero a las casas «orientales» o «persas», que serían más apropiadas en Teherán, sino especialmente a las normandas, en realidad mitad normandas y mitad inglesas, donde la abundancia de pináculos decorativos multiplica los puntos de vista y complica la silueta, donde las ventanas amplias traslucen gran dulzura e intimidad, donde, en los maceteros encastrados a las paredes, bajo cada ventana, las flores caen en una interminable cascada sobre las escaleras exteriores y las paredes vidriadas de los halls. Allí regreso yo ahora, pues está anocheciendo, y voy a releer, por centésima vez, *Confiteor* del poeta Gabriel Trarieux...

MARCEL PROUST

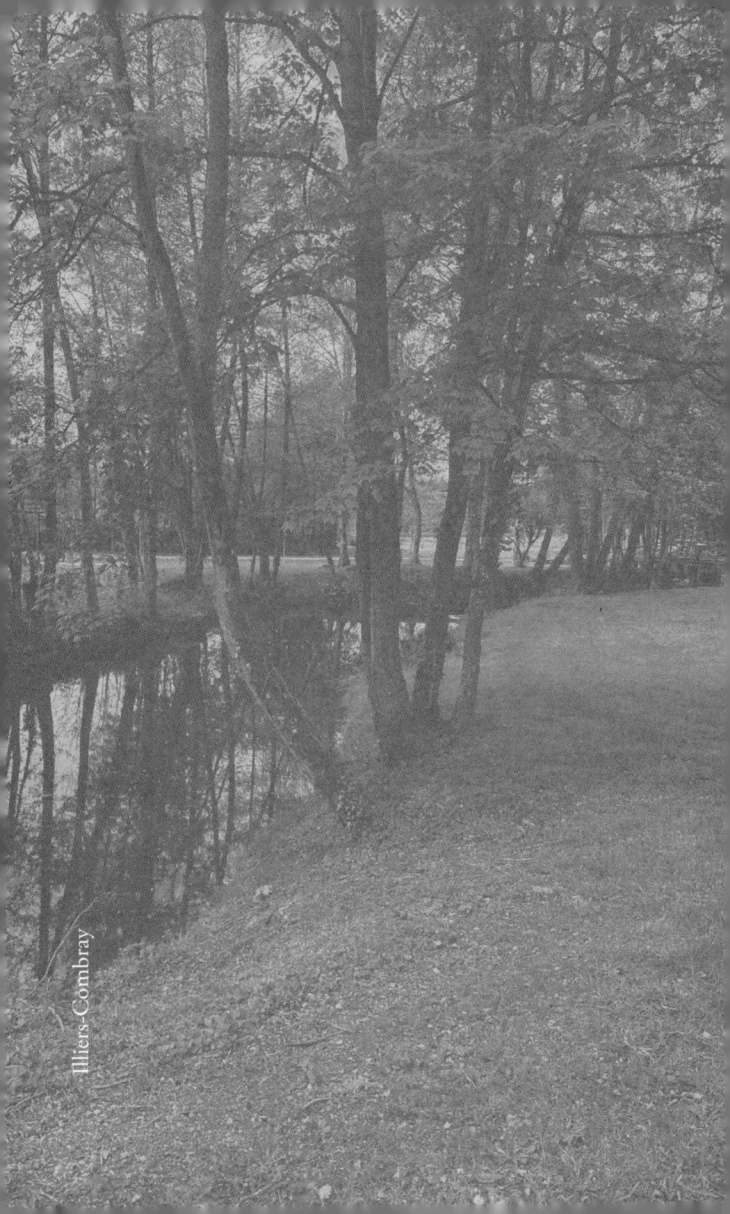

Illiers-Combray

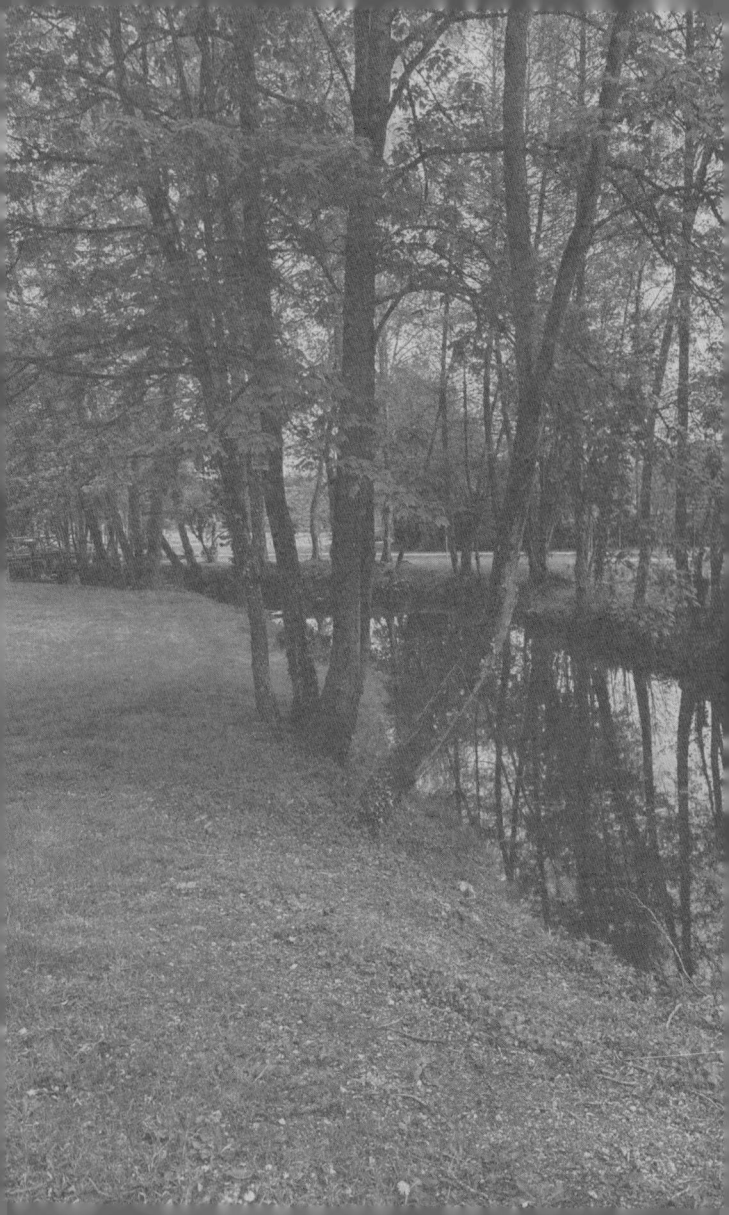

Recuerdo

Un criado de librea marrón con botones de oro
me vino a abrir y me hizo pasar casi de inmediato a una sala tapizada en cretona, con paneles de
madera de pino y vista al mar. Cuando entré, un
muchacho, un joven bastante apuesto, se puso de
pie, me saludó con frialdad y luego siguió leyen-
do su periódico, sin dejar ni por un momento de
fumar su pipa. Me quedé de pie, algo incómodo,
diría incluso algo preocupado por el recibimiento
que se me daría aquí. ¿No me habría equivocado,
después de tantos años, en venir a esta casa, donde
quizá me hubieran olvidado desde hacía mucho?
¿Esta casa antaño tan hospitalaria, donde había vi-

vido horas profundamente dulces, las más felices de mi vida?

El jardín que rodeaba la vivienda y que formaba una terraza en una de sus extremidades; la casa misma, con sus dos torres de ladrillo rojo e incrustaciones de mayólica de diversos colores; el largo vestíbulo rectangular, donde pasábamos los días de lluvia; y hasta los muebles de la sala a la que acababan de hacerme pasar: nada había cambiado.

Unos instantes después, entró un viejo de barba blanca; era muy bajo y muy encorvado. Su mirada vacilante teñía su expresión de una gran indiferencia. Reconocí de inmediato a Monsieur de N. Pero él no me reconoció a mí. Me presenté varias veces: mi nombre no evocaba en él recuerdo alguno. Nos miramos a los ojos, sin saber muy bien qué decir. Me esforcé en darle pistas, pero fue en vano: me había olvidado por completo. Yo era un extranjero para él. Íbamos a despedirnos, cuando la puerta se abrió bruscamente: «Mi hermana Odette —me dijo, con una vocecita aflautada, una bonita niña de unos diez a doce años— acaba de enterarse de su llegada. ¿Quisiera venir a verla? ¡Se pondría muy contenta!». La seguí, y bajamos al jardín. Allí, en efecto, encontré a Odette, acostada en una *chaise longue*, envuelta en un enorme manto escocés. No la habría reconocido, por así decirlo, de tan cambiada que estaba. Sus rasgos se habían alargado, y sus ojos, rodeados de círculos oscuros, parecían perforar su lívido rostro. De su belleza, que tan deslumbrante había sido, ya no quedaba ni rastro. Con un gesto un poco forzado, me pidió que me sentara cerca. Estábamos solos. «Seguramente estará muy sorprendido de encontrarme en este estado», me dijo después de unos instantes. «Lo que sucede es que, desde mi terrible enfermedad, quedé condenada a guardar reposo acostada, sin moverme. Vivo de sentimientos y de dolores. Sumerjo la mirada en este mar azul, cuyo tamaño, en apariencia infinito, tanto adoro. Las olas, que vienen a romper contra la costa, son pensamientos tristes que acuden a mi mente, así como esperanzas que debo abandonar. Leo, leo mucho, incluso. La música de los versos evoca en mí los más dulces recuerdos y hace vibrar todo mi ser. ¡Qué amable por su parte no haberme olvidado después de tantos años, y haber venido a verme! Es algo que me hace bien. Ya estoy mucho mejor. Puedo decírselo, ¿no es así? Ya que hemos sido tan buenos amigos. ¿Recuerda los partidos de tenis que jugábamos aquí, en este mismo lugar? Yo era muy vivaz en aquel entonces, muy alegre. Hoy en día ya no me queda vivacidad, ya no me queda alegría. Cuando veo cómo el mar se retira a lo lejos, muy a lo lejos, pienso a menudo en nuestros paseos solitarios al bajar la marea. Guardo de ellos un recuerdo encantador, que podría bastar para ser feliz, si yo no fuera tan egoísta, tan mezquina. Pero, como verá, me cuesta resignarme, y de tanto en tanto no puedo evitar rebelarme contra mi suerte. Paso el tiempo así, aburriéndome sola, porque estoy sola desde la muerte de mamá. Y papá está demasiado enfermo y viejo como para ocuparse de mí. Mi hermano sufrió mucho por una mujer que lo engañó de un modo espantoso. Desde entonces, vive ensimismado; nada puede consolarlo o siquiera distraerlo. Mi hermanita, por su parte, es muy joven, y, además, hay que dejarla vivir feliz, mientras le sea posible».

Mientras me hablaba, su mirada se iba animando; el color cadavérico de su tez había desaparecido. Había recuperado su expresión dulce de antaño. Era linda de nuevo. ¡Dios mío, qué hermosa era! La habría querido estrechar entre mis brazos, habría querido decirle que la amaba... Nos quedamos así, juntos, durante otro buen rato. Luego la llevaron adentro, porque la tarde refrescó. Después tuve que despedirme de ella. Las lágrimas me sofocaban. Recorrí ese largo vestíbulo, ese jardín delicioso, con alamedas cuya grava, lamentablemente, nunca volvería a crujir bajo mis pies. Bajé a la playa; estaba desierta. Comencé a caminar, meditativo, pensando en Odette a orillas del mar, que se retiraba con calma e indiferencia. El Sol había desaparecido detrás del horizonte, pero sus rayos purpúreos coloreaban todavía el cielo.

Pierre de Touche

Esta edición de
Un cierto misterio
de Marcel Proust
se imprimió en Madrid
en septiembre de 2024.

La portada y los títulos interiores
han sido compuestos con

Atleigh,

una tipografía creada por el
diseñador Rajesh Rajput.